U0678476

中国高等教育学会劳动教育专业委员会会刊

劳动教育评论

LABOR EDUCATION REVIEW No.9

中国劳动关系学院 主编

第9辑

社会科学文献出版社
SOCIAL SCIENCES ACADEMIC PRESS (CHINA)

《劳动教育评论》学术委员会

主　任　刘向兵　中国劳动关系学院党委书记、研究员

委　员　周光礼　中国人民大学评价研究中心执行主任、教授
　　　　曾天山　教育部职业技术教育中心研究所副所长、研究员
　　　　卢晓东　北京大学教育学院教授
　　　　檀传宝　北京师范大学公民与道德教育研究中心主任、教授
　　　　王　星　南开大学周恩来政府管理学院教授
　　　　宁本涛　华东师范大学教育学部教授
　　　　顾建军　南京师范大学教育科学研究院院长、教授
　　　　何云峰　上海师范大学知识与价值科学研究所所长、教授
　　　　龚春燕　重庆市教育评估院原院长、研究员
　　　　廖　辉　重庆师范大学教育科学学院教授
　　　　柳友荣　安徽艺术学院副校长、教授
　　　　刘玉芳　中国劳动关系学院副校长、教授
　　　　燕晓飞　中国劳动关系学院科研处处长、教授
　　　　杨冬梅　中国劳动关系学院马克思主义学院院长、教授
　　　　姜　颖　中国劳动关系学院教务处处长、教授
　　　　杨思斌　中国劳动关系学院公共管理学院副院长、教授
　　　　任国友　中国劳动关系学院安全工程学院副院长、教授
　　　　曲　霞　中国劳动关系学院劳动教育学院副院长、副研究员

秘书长　李　珂　中国劳动关系学院劳动教育学院院长、研究员

《劳动教育评论》编辑委员会

主　　任　刘向兵

副 主 任　刘玉芳　刘丽红

执行主编　李　珂

执行副主编　曲　霞

编辑部主任　李素卿

编　　辑　党　印　胡玉玲　张清宇　谢　颜

目录

Contents

Exchanges and Mutual Learning

Typical Experience

劳动教育纳入“五育”的战略分析

——基于劳育与德育、智育、体育、美育内在逻辑的视角*

王 飞

【摘　　要】虽然官方已经明确“五育”并举的定位，但是劳育能否与其他“四育”并列仍然存在诸多争议。争议的焦点在于一些观点认为劳育应该与整个学校教育或德智体美总体相并列而非与德智体美各育相并列，这实际上混淆了“教劳结合”中的“劳”与“劳育”的内涵。无论是从理论逻辑、历史逻辑还是从现实逻辑的维度，劳育均可以也应该与其他各育并举。从理论逻辑角度看，劳育是作为学校教育教学活动的重要领域之一，它与德育、智育、体育、美育共同承载着综合育人的目标，它们虽然相关，但无论是在内容还是在目标上均不能相互取代；从历史逻辑角度看，苏联、我国苏区和解放区以及新中国劳动教育的发展历程无不彰显出劳育作为独立领域和目标的重要性；从现实逻辑角度看，劳动观念、情感和技能在学校、家庭和社会弱化的最根本原因也在于劳育在教育方针中的缺位。

【关 键 词】劳动教育；五育并举；教劳结合；全面发展

【作者简介】王飞，山东师范大学教育学部教授、硕士生导师。

习近平总书记在2018年全国教育大会和2019年纪念五四运动一百周年大会的讲话中提出德智体美劳“五育”并举的主张。《教育部2019年工作要点》把

* 本文系教育部委托项目“新时代劳动教育途径和方式研究”（项目编号：20190322）的阶段性研究成果。

修订教育法将“劳育”纳入教育方针作为重中之重。2019年6月23日，中共中央、国务院印发《关于深化教育教学改革全面提高义务教育质量的意见》，再次明确构建德智体美劳“五育”并举的教育体系。2020年，《关于全面加强新时代大中小学劳动教育的意见》和《大中小学劳动教育指导纲要（试行）》强调劳动教育是中国特色社会主义教育制度的重要内容，要把劳动教育纳入人才培养全过程，贯通大中小学各学段。2022年，《义务教育劳动课程标准》颁布，为劳动教育进入学校课程体系提供了基本依据和具体指导。国家领导人和官方文件对劳动教育的强调有助于提升其在学校教育体系中的地位，确立劳育与德育、智育、体育和美育并行的定位。“五育”中德智体美“四育”并举无论是在政府还是在理论与实践界均得到了广泛认同，并不存在争议。而劳育能否与其他各育并列在理论和实践中仍然存在广泛争论，亟须从学理上深入剖析劳育纳入“五育”的合理性，以期为政策的落实提供理论支撑。

一 理论逻辑视角的分析

马克思说：“一切存在物，一切生活在地上和水中的东西，只是由于某种运动才得以存在、生活。”① 动物虽然也有“运动”，但一方面它的“运动”是纯粹出于生理的目的，局限于生存所必需的物质的限度，只能适应而无法改变自然，在与自然的关系中处于被动地位；另一方面动物在“运动”中固然可以将个体当成对象，但它仅将其作为满足基本生理需求的对象，无法从对象以及与对象的关系中认识到自身的力量，从而无法达到对类的把握。人的“运动”则不同，它超越了纯粹生理的需求，将自然界当作自己认识和研究的对象看待，确立了人在自然面前的主体地位，也能在“运动”中将自己的主观意识对象化，从而在对象物以及在对对象物的改造过程中认识自身和人类群体，即将自己和群体视为对象，借助于对象物认识人的类本质。人的主体地位的确立，实现了对世界理解由“客体原则”到“主体原则”的跃迁，克服了旧唯物主义仅把自然看作完全脱离人的、异己的存在，未将其看作人的感性活动的对象看待，未认识到自然是带着人的活动和印记的自然的弊端；其主体性也并非唯心主义所鼓吹的脱离

① 《马克思恩格斯选集》（第一卷），人民出版社，2012，第220页。

于物质基础的主观精神，而是在物质第一性原则的基础上，从人的对象化活动角度分析人与外部世界能动而现实的双向对象化活动，即主体客体化和客体主体化过程，实现了对人的本质性把握。将人的类本质的确立与实现建基于人的“运动”基础上，既吸收了费尔巴哈类本质概念的超越性，即人的发展不局限于自身和物质领域，而是定位于人的本质的自由和全面发展之上，也克服了费尔巴哈在意识中寻求类本质的错误。这种确立了人的主体性和类本质的自由的、有意识的“运动”即劳动。因此，从本源上说，劳动是人与动物的本质区别，是人之为人的根本，也是人和人类社会不断完善与发展的本源动力。

在劳动中，人将自身的体力和脑力凝结在产品中，不断确证着自己的本质。但随着私有制的产生，人的劳动开始异化，原本体脑结合的状态逐步分离，工人劳动主要变成体力的消耗，缺乏脑力参与的工人劳动不再具有促进人本质发展的功能，而成为单纯的对工人的耗损和剥削过程。劳动产品也不再具有确证劳动者本质的作用，不再能体现和增强劳动者的力量，反而随着工人生产劳动产品的越多，工人占有劳动产品的比例越低。脑力参与程度的降低，使得工人在劳动中主体意识的体现程度越来越少，从而失去了把整个人类作为自己认识对象和实践对象看待的能力，工人仅仅把劳动当成苦役，无法通过创造性劳动形成建设性的类生活，发展人的类本质。因此，马克思说：“异化劳动从人那里夺去了他的生产的对象，也就从人那里夺去了他的类生活。”① 随着工人同自己的劳动过程、劳动产品和类本质相对立，他也便同他人相对立。对于资产拥有者而言，他们的劳动开始脱离于生产，也就无法真正体会和认识人的主动性和意识作用于对象物的过程，无法认识劳动创造人的价值和人的类本质。劳动过程和劳动产品本是体现和确证人之为人的过程，缺席于生产劳动的资本家也便丧失了自我本质力量确证与完善的最根本途径。虽然他们占有工人的劳动产品，表面上成为劳动产品的拥有者，但是为了争夺远超过需求的财富，他们不顾一切地向金钱膜拜，最终被自己所占有的产品所奴役。

人的本质的复归最终指向的不是抽象的被称为“本质”的存在物，而一定是在特定社会条件下对自然界实现了人的关系的现实活动。② 马克思认为从根本

① 《马克思恩格斯选集》（第一卷），人民出版社，2012，第57页。

② 曹琳琳、王露璐：《成己、成物与成人：人的异化及其类本质的复归——重读马克思〈1844年经济学哲学手稿〉》，《马克思主义与现实》2015年第5期。

上说唯有进入共产主义社会，随着私有制的完全废除以及按需劳动和分配的实现，人的本质的复归才能真正实现，但他也指出“生产劳动和教育的早期结合是改造现代社会的最强有力的手段之一”①。需要指出的是，这里的“教育”一词对应的德文是“Unterricht”,② 它是指学校场域中所实施的有系统、有规划的一切教学活动，相对更侧重于脑力的培养；“现代社会”是指“存在于一切文明国度中的资本主义社会”③。因此，虽然劳动的异化和人的异化复归的根本路径在于实现共产主义，但是共产主义的实现并非一蹴而就的，在未建成共产主义之前并非要对当前劳动异化和人的异化视而不见、听之任之，而是可以从对儿童的培养中，通过教劳结合，促进劳动中体脑结合的恢复与发展，部分实现劳动本质和人的本质的回归，为共产主义社会的实现奠定基础。我国当前还处于社会主义初级阶段，虽然阶级和剥削已经不复存在，但是由于生产力还不够发达，分工仍然将在相当长时期内延续。因此，马克思所说的在学校教学中融入劳动以恢复体脑结合仍然是当前实现人的本质复归的重要途径。

学习时间的有限性与知识的无限性之间的矛盾决定了学校应该以间接知识学习为主，兼顾直接知识学习。间接知识学习之“间接”是相对于所学知识在历史上的产生过程和知识产生主体的知识掌握过程而言的，“每一个体都必须亲自取得经验，这不再是必要的了，个体的个别经验在某种程度上可以由个体的历代祖先的经验的结果来代替”④。这虽然是说学校教学不应该让学生重走人类祖先知识生产的道路，但并不意味着让学生死记硬背住知识，而是应该让学生适当体验部分重点知识的生产过程，当然让学生体验的知识生产过程并不同于人类祖先知识生产的历程，而是部分还原并适合当前社会和教育现实的复原与体验。教劳结合中的“教”指的是学校中一切有计划、系统的教学活动，它相对侧重于间接知识的学习。它可以从不同维度进行分类，比如按照内容可以分为语文学科教学、数学学科教学、音乐学科教学、体育学科教学等，按照领域或目标可以分为德育、智育、体育、美育、劳育等。教育方针中谈及的“三育”、“四育”或

① 《马克思恩格斯选集》（第三卷），人民出版社，2012，第377页。

② 瞿葆奎：《劳动教育应与体育、智育、德育、美育并列？——答黄济教授》，《华东师范大学学报》（教育科学版）2005年第9期。

③ 瞿葆奎：《劳动教育应与体育、智育、德育、美育并列？——答黄济教授》，《华东师范大学学报》（教育科学版）2005年第9期。

④ 《马克思恩格斯选集》（第三卷），人民出版社，2012，第978页。

“五育”，其所指均是教劳结合中“教”的一个划分维度，它们是并列的，只是其所包含的内容以及主要达成目标有所差异而已。德育主要包括道德相关主题或内容，以提升学生的道德观念和情感为主；智育主要涉及学科知识有关的内容，以继承与发展人类文化为主；体育主要涵盖维持身体健康和基础竞技内容，以促进身体健康为主；美育主要包括音乐、美术、设计等内容，以提升学生审美能力为主；劳育则主要是基础的、适合学校场域开展的、具有教育意义的劳动活动，以促进学生劳动观念养成、劳动情感提升和基本的劳动技能掌握为主。而教劳结合中的“劳”不是“劳动教育”而是“劳动”，但它不同于成人的职业性质的劳动。成人的劳动从个人角度主要是为了获得生存与发展所需的物质基础，从社会角度是为了积累更多的物质财富以促进社会发展与繁荣；学生的劳动主要是为了增进直接知识的学习，将间接知识情境化、活动化，以增强学生对知识的理解和掌握，从而为知识的继承与创新奠定基础。主要以间接知识和脑力学习为主的“教”与主要以直接知识和体力提升为主的“劳”的结合，便在学校中实现了直接知识与间接知识、脑力与体力的结合。因此，我们不应该将教劳结合中的“劳”与作为教学活动下位领域的劳育相混淆，二者无论是在内容、形式还是在目的上均有较大的差异。作为教学下位领域而言，劳育完全可以与德育、智育、体育、美育相并列。

总之，马克思主义的教劳结合本质上是为了恢复创造人和人类社会的体脑结合的劳动的本质，进而实现人的本质的复归。相较而言，教劳结合中的“劳”更多承载本真劳动中的“体”部分，而“教”则更多承载“脑”部分。在恢复劳动本质的功能维度，教劳结合中的“教”和“劳”是并列的，即包括德育教学活动、智育教学活动、体育教学活动、美育教学活动、劳育教学活动等在内的总体教学活动，是与适合学生参与、具有促进学生直接知识掌握和更好促进间接知识学习的劳动相并列的。那种认为劳育应该与整个教育相并列的观点实则是混淆了教劳结合中的“劳”与作为教学活动组成领域或育人目标领域之一的劳育。

二　历史逻辑视角的分析

马克思在《资本论》中指出，大工业进一步加剧了工人的被剥削地位及其劳动的片面化，但它也在客观上要求学校教育培养能够适应不断变动的劳动需要而可以随意支配的人，来替代那些只适用于某一个领域的局部劳动的人。为此，他提出了“全面发展的人”的概念。马克思所说的“全面发展的人”并不是指人在德、智、体、身心各方面都得到发展的维度上而言的，而是从异化劳动复归到本真劳动的角度去界定的，即恢复劳动中体脑的结合，使人的体力和脑力都得到充分的、和谐的发展。如何在学校中培养全面发展的人呢？马克思谈及了欧文在学校中进行的教育与生产劳动相结合的实验以及当时出现的综合技术学校、农业学校和职业学校所做的教劳结合的一些尝试，并基于此得出结论：“未来教育对所有已满一定年龄的儿童来说，就是生产劳动同智育和体育相结合，它不仅是提高社会生产的一种方法，而且是造就全面发展的人的唯一方法。”① 继承马克思对教劳结合以造就全面发展的人的观点，苏联非常重视在学校中贯彻教劳结合，这主要体现在苏联学校教育的每个领域和每个学科教学中都很注重理论与实践相结合，注重学生的亲身体验，以促进学生体脑结合。另外，作为教学活动下位领域的劳育与德育、智育、体育和美育相并列，并设置了专门的课程。

从苏联著名的教育学教科书看，劳育与其他各育相并列的地位也获得了学者清晰的确认。由凯洛夫、冈察洛夫、叶希波夫、赞可夫等编写的《教育学》教材中明确指出“共产主义教育的各个方面包括体育、智育、综合技术教育、共产主义道德教育、劳动教育”，② 并对劳育进行了明确规定，“总体系中，劳动教育占有重要地位。既然综合技术教育当中包括学生的劳动训练的任务，是否还必需说劳动教育是共产主义教育的一个重要方面呢？是必需的……至于对学生进行整个的劳动教育，就要在他们全部学习（智力的和体力的）劳动、公益劳动、家庭和学校的日常生活劳动过程中，在自我服务过程中以及在执行学生组织所委托的社会工作当中实施了”③。斯米尔诺夫主编的《教育学初级读本》也将劳育与其他各育并列，并明确“苏维埃学校和家庭的基本的和唯一的目的，是培养完成共产主义建设事业的新一代。共产主义的建设是复杂而伴随着斗争的事业，因此共产主义建设者的教育和共产主义战士的教育，也是复杂的事业。学校和家庭完成了以下几个任务，法令规定的目的就可达到。第一个任务是培养身体健康

① 《资本论》（第一卷），人民出版社，2018，第556~557页。

② 〔苏〕凯洛夫、冈察洛夫、叶希波夫、赞可夫主编《教育学》，陈侠、朱智贤等译，人民教育出版社，1957，第22~28页。

③ 〔苏〕凯洛夫、冈察洛夫、叶希波夫、赞可夫主编《教育学》，陈侠、朱智贤等译，人民教育出版社，1957，第28页。

的新一代……次一个任务是智育或教养……德育是培养共产主义事业的建设者和战士这一工作中的重要任务……劳动教育问题对我们来说是首要的问题……美育就和苏维埃学校与家庭的所有其他的重要任务相并列”①。也有一些教材，如凯洛夫主编的《教育学》，奥格罗德尼科夫、史姆比辽夫主编的《教育学（修订本）》，叶希波夫、冈察洛夫主编的《教育学》等将学校教育分为智育、综合技术教育、德育、体育和美育。但从其对综合技术教育的界定来看，可以非常清楚地看到综合技术教育中融入了劳动教育的内容，如叶希波夫、冈察洛夫主编的《教育学》指出：“人类的全面的发展，就是智育、综合技术教育、体育、德育和美育的统一……综合技术教育不是职业教育。综合技术教育在使学生具有任何专门行业的人所必要的知识。综合技术教育是消灭智力劳动和体力劳动对立的必要条件之一。综合技术教育和生产劳动结合起来。”② 凯洛夫主编的《教育学》指出：“综合技术教育要求教学跟生产劳动互相结合，这种劳动是属于学校教学与教育的目的的。”③ 曹孚在1952年做的有关苏联教育的报告中也指出：“综合技术教育与劳动教育的一部分内容是相同的。学校中的农场或植物园地的实习，应该、也可以与米丘林生物学结合起来的。它是劳动教育，同时也是综合技术教育……化学、物理方面的实验、实习工作是劳动教育，同时也是综合技术教育。参观工厂、农场，看有关现代技术的电影，阅读有关现代技术的书刊是综合技术教育，这种教育措施也有助于学生的劳动观点、劳动热情的培养。”④可见，即便未将劳动教育单独提出的教育研究者，他们也将劳动教育的内容纳入综合技术教育与其他“四育”并列，这实际上是承认了劳动教育可以与其他“四育”并列。

早在20世纪30年代，毛泽东就指出：“苏维埃文化教育的总方针在什么地方呢？在于以共产主义的精神来教育广大的劳苦民众，在于使文化教育为革命战争与阶级斗争服务，在于使教育与生产劳动联系起来，在于使广大中国民众都成

① 〔苏〕斯米尔诺夫主编《教育学初级读本》，陈侠、丁西成等译，人民教育出版社，1953，第14~20页。

② 〔苏〕叶希波夫、冈察洛夫主编《教育学》（上册），于卓、王继麟等译，人民教育出版社，1953，第21~25页。

③ 〔苏〕凯洛夫主编《教育学》，沈颖、南致善等译，人民出版社，1953，第48页。

④ 瞿葆奎、马骥雄、雷尧珠：《曹孚教育论稿》，华东师范大学出版社，1989，第86页。

为享受文明幸福的人。”[①] 以该教育方针为指导，苏区学校中非常重视劳动教育，开展了丰富多彩的劳动教育活动，促进了学生体脑结合。新中国成立后，继承我国学校劳动教育经验和受苏联劳动教育影响，1950 年《中学暂行教学计划（草案）》和 1952 年《小学暂行规程（草案）》明确规定把劳动作为课外活动之一，活动时间为每天 30 分钟左右。[②] 1955 年 9 月 2 日，教育部颁布《小学教学计划》和《关于小学课外活动的规定》，明确小学 1~6 年级每周开设 1 节手工劳动课，并将生产劳动作为课外活动的重要内容。[③] 1958 年 3 月 8 日，教育部颁行的《关于 1958~1959 学年度中学教学计划的通知》确定在中学所有年级设置每周 2 小时的“生产劳动科”课程。[④] 从此到 2001 年，我国基础教育阶段均开设了专门的劳动教育课程，形成了以专门劳动课程为主、以校内外劳动活动为辅的劳动教育体系。教育学教材中也将劳动教育作为重要的章节进行论述，如 1957 年北京函授师范学校编写的《教育学基本知识讲座》第十六讲为社会主义劳动态度的教育，1959 年由华东师范大学、上海师范学院、上海市教育局、共青团上海市委员会和上海市教育学会等组织编写，1960 年刊印的《教育学》将全日制学校教育内容分为德育、智育、体育和全日制学校学生的生产劳动四个部分，1962 年刘佛年编写的《教育学》第十一章是生产劳动，1979 年上海师范大学《教育学》编写组编写、人民教育出版社出版的《教育学》第十一章为生产劳动，1986 年由顾明远、黄济主编，人民教育出版社出版的中等师范学校教材《教育学》第十四章为劳动教育等。

但由于将教劳结合中的“劳”与劳动教育相混淆，在理论中一直存在对劳动教育能否与德育、智育、美育、体育相并列的争议。这种争议的存在也影响了我国的教育方针，导致教育方针中一直未将劳育与其他各育相并列。由于缺乏与德智体美相并列的地位，劳动教育的工具性突出，其主要表现在两大方面。

一是将劳动教育视为思想政治教育组成部分之一和重要途径，1949 年 9 月

---

① 中国现代史资料编委会翻印《苏维埃中国》（第一集），中国现代史资料编委会，1957，第 285 页。

② 课程教材研究所编《20 世纪中国中小学课程标准·教学大纲汇编：课程（教学）计划卷》，人民教育出版社，2001，第 215 页。

③ 《中国教育年鉴》编辑部编《中国教育年鉴（1949~1981）》，中国大百科全书出版社，1984，第 466 页。

④ 《中国教育年鉴》编辑部编《中国教育年鉴（1949~1981）》，中国大百科全书出版社，1984，第 473 页。

29日，《中国人民政治协商会议共同纲领》第五条规定“提倡爱祖国、爱人民、爱劳动、爱科学、爱护公共财物为中华人民共和国全体国民的公德”[①]，自此，中小学一直把包括“爱劳动”在内的“五爱”作为思想政治教育的基本内容和任务。此后，各种有关思想政治教育的文件，如《中等学校政治课教学大纲（试行草案）》（1959年）、《关于印发〈改进和加强中学政治课的意见〉的通知》（1980年）、《全日制小学思想品德课教学大纲（试行草案）》（1982年）、《义务教育思想品德课程标准（2011年版）》等均将劳动观念和情感的培养纳入思想政治教育中。

二是劳动教育缺乏一以贯之的相对独立的目标，随着外界环境或其他教育领域要求的变化而不断变更其目标和内容。新中国成立初期，由于高小和初中毕业生就业压力增大，劳动教育被视为解决学生就业的工具；20世纪六七十年代随着社会意识形态化加剧，劳动教育被视为改造知识分子和进行思想意识教育的途径；改革开放后劳动教育被视为促进经济发展的手段；随着对外开放的深化和媒体的发达，学生触犯校规班规的现象日益增多，劳动教育被作为处罚学生的方式；进入21世纪，国际竞争日渐激烈，且日益围绕创新性人才的争夺与培养展开，而传统分科课程对知识的割裂以及知识与生活和社会脱离等问题，不利于学生进行综合性、系统性地探究与思考，制约了创新人才的培养，于是劳动教育被融入综合实践活动中，其独立性更趋薄弱。

从劳动教育的发展历程不难看出，未将劳动教育与其他各育并列是造成劳动教育失落的最核心原因，也是劳动教育工具化的根源。即便设置专门的劳动课程，但未明确五育并举的定位，劳动教育实施的效果也将大打折扣。

三　现实逻辑视角的分析

虽然新中国历届领导人都高度重视教劳结合和劳动教育，并将其视为社会主义教育体系的最核心特征之一，学校中也将劳动教育作为独立课程开设。但由于未将劳动教育与其他各育相并列，加之20世纪80年代末后学生学习压力和负担

① 《中国教育年鉴》编辑部编《中国教育年鉴（1949～1981）》，中国大百科全书出版社，1984，第445页。

逐渐加大，社会消费主义风潮逐渐盛行，劳动教育地位的边缘化明显。学校中劳动活动逐渐减少，劳动实践基地日渐萎缩，劳动课程被挤占的现象日益增多，劳动课专任教师转任其他学科教师的情况增加。据《中国教育统计年鉴》统计，我国普通中学校办工厂、农场教职工数从1978年的39204人减少到2000年的31415人，[①] 普通高中劳动课专任教师由1978年的4222人减少到2000年的3055人，[②] 足见劳动教育在实践中的式微。2001年后，劳动教育被并入综合实践活动，其独立课程地位被取消，劳动教育的边缘化更加突出，以普通中学校办工厂、农场教职工数为例，其从2000年的31415人骤减到2017年的2248人。[③] 20世纪90年代末之后出版的教育学教材中，除了个别教材在综合实践活动中列有“劳动与技术教育”的内容外，其他教材几乎都不再提及劳动教育，而对劳动与技术教育的论述也主要以技术教育为主。有关劳动教育的学术研究和论文也逐渐减少。

劳动教育的边缘化，不仅仅是削弱了作为学校教学活动组成部分之一的劳动教育教学活动，实际上由于劳动教育承载着促进学生了解劳动创造人和人类社会，劳动是价值的唯一源泉以及人与社会发展的根本动力的重要使命，其在教育体系中的弱化，必将影响学生正确的劳动观念、态度和行为的养成。缺乏必要的劳动教育，学生与劳动的联系日益疏离，不仅找不到人与动物的本质区别，也找不到人类历史的真正起源之处，也便无从体验和认知人在劳动中改造对象物，并在对象物中客体化自己的主观意识以及通过对象物完善自身的过程，从而使得人类的劳动堕落为仅仅是为了维持生存的手段，甚至出现了类似于马克思在谈及工人劳动异化时说到的“只有在运用自己的动物机能——吃、喝、生殖，至多还有居住、修饰等等——的时候，才觉得自己在自由活动，而在运用人的机能时，觉得自己只不过是动物。动物的东西成为人的东西，而人的东西成为动物的东西”[④]。人的这种非本真存在方式，即不参与且蔑视本该成为人自由自觉的活动

① 中华人民共和国教育部发展规划司编《中国教育统计年鉴（2000）》，人民教育出版社，2001，第64~65页。

② 中华人民共和国教育部发展规划司编《中国教育统计年鉴（2000）》，人民教育出版社，2001，第64~65页。

③ 中华人民共和国教育部发展规划司编《中国教育统计年鉴（2017）》，中国统计出版社，2018，第163页。

④《马克思恩格斯选集》（第一卷），人民出版社，2012，第54页。

的劳动，异化了劳动，使劳动降格为谋生的手段，失去了创造与发展人和人类社会的本体功能，劳动成为损耗生命、令人厌恶的对象，被认为是对人类生命的外在否定。而且，这种错误认识还会造成劳动和劳动教育与生活的脱离，使人无法深刻认识劳动和劳动教育之于生活的意义，造成劳动和劳动教育塑造美好生活功能的降低。[①] 这就不难理解青少年学生和社会上存在的轻视体力劳动和体力劳动者，不珍惜劳动成果、随意浪费，投机取巧、躲避劳动，以不劳而获为荣、以勤苦劳动为耻等的不正常现象了。实际上，从20世纪80年代末期开始，学生中轻视劳动的现象已经开始比较普遍和严重，调查显示学生中认为学习与劳动没有关系的比例高达61%，[②] 不爱惜劳动成果的比例为52.4%，怕脏、怕累、劳动意志薄弱、动手能力差的达到80%，经常做家务的仅有13.7%，生活自理能力较强的仅占14.6%。[③] 当前屡见报端的青少年学生盲目攀比、卖肾买手机、随意浪费粮食等现象正是劳动教育弱化的体现与进一步恶化的表现。

包括家长在内的社会人士中也存在着一定程度的好逸恶劳倾向。该问题的解决既需要政府和社会积极引领媒体和大众树立正确的劳动观念，也可以通过学校教育反哺社会。实际上，已经有一些学校通过设置专门的劳动课程、丰富的校内外劳动活动以及体现中华传统农耕文明的校园文化建设等培养了学生热爱劳动、尊重劳动的良好意识，孩子们将这种意识有意无意地带到家庭中，熏陶和影响了家长。[④] 学校作为家庭和社会的中介，既受到家庭和社会的强烈影响，也引导着家庭和社会文化氛围和价值观念的形塑与变化。学校教育相对家庭和社会更加系统，是家庭和社会文化的重要依托和动力，能够起到辐射源和催化剂的作用。因此，通过将劳动教育与其他“四育”并列，在学校中设置专门的劳动课程和丰富多彩的劳动活动等提升学生的劳动观念，既可以纠正学生的错误劳动观，也可以对社会起到辐射作用，有利于全社会形成正向的劳动价值理念和风气。

人通过有目的的劳动将意识外显化，在创造性改变外在世界的同时，也通过

① 班建武：《基于生活逻辑的劳动教育独立性辩护——兼论劳动教育与德智体美四育的关系》，《思想理论教育》2022年第4期。

② 刘美娟、吴宗瑶：《关于中、小学生劳动教育的初步调查研究》，《安徽教育学院学报》（社会科学版）1985年第2期。

③ 罗来栋：《关于小学劳动教育的调查》，《江西教育科研》1987年第2期。

④ 章振乐、陈万勇：《立己达人：劳动教育的推广与振兴之路——全国劳动教育实验学校联盟的价值追求与运作实施》，《中小学德育》2018年第7期。

系统的符号、规则等将这些进步传递下去。这些社会共同经验的积累，就是文化。因此，文化从本质上而言，源于人类的劳动。古代中国是一个农耕社会，围绕着相对固定的土地建村而居，人们的劳动围绕土地展开，形成了按照种植变迁制定的农事时令、纠正不正常气候产生的祈天活动以及相对稳定的社会和人口状况而形成的熟人社会所需要的伦常礼教。从晚清开始，随着外敌入侵，我国传统文化在与西方文化的对抗中渐趋弱势而逐渐被视为落后的标志。西方强势文化的侵入，首先在城市开花结果，于是城市俨然成了西方文化的代言人，乡村成了落后的传统中国文化的代表。随着城市化进程的加速，我国传统文化更趋式微。文化是一个民族和国家发展的灵魂和不竭动力，丢弃或削弱本民族的优秀文化也就丧失了国家和民族的独立性，既失去了与其他国家竞争的根基，也降低了世界多元文化的丰富程度。建基于农耕劳动基础上的中国传统文化蕴含着顺天应时、天人合一、和而不同、天下大同等文化精髓，这些精神和观念恰恰是解决当前世界存在的以大欺小、国家争端、民族冲突、环境污染等问题的最佳良药。这也是为何在第一届诺贝尔奖获得者国际大会的新闻发布会上，瑞典物理学家汉尼斯·阿尔文（Hannes Alfven）高呼人类要生存下去，就应该积极向以儒家文化为代表的中国文化汲取智慧和营养的重要原因。① 而文化的生长源和发展动力在于劳动，故若学校教育中轻视劳动教育，则就从本源上隔断了文化之根，作为文化传承与创新重要载体的学校也便难以发挥其作用，也就无法为国际上存在的诸多纷争与乱局提供解决之道。

此外，将劳动教育纳入“五育”的另一个重要原因在于劳动教育是“五育”融合的起始点和凝结点。当前和今后学校改革的一个重要方向是综合化。所谓综合化，既是指教学内容的综合化，也是指培养学生的综合素养，以促进体脑结合为旨归，促进学生德智体美劳和谐全面发展。无论是内容综合化还是育人目标综合化，均需要将学校教学活动的各个组成领域进行整合，而不是割裂地进行。“五育”的整合需要有一个载体或统整的基石，这个载体或基石只能是劳动教育，这是因为一方面德智体美“四育”作为整合的基础或核心的话，会出现育人内容和目标的偏移，违背全面发展的人的目标，以智育为起始点和凝结点在实践中可能会进一步加剧基础教育过于注重知识传授和识记的倾向，侧重德育则可

① 贾磊磊：《中国文化发展战略的时代抉择》，商务印书馆，2016，第74页。

能导致将其他内容虚化，而失去事实判断的价值判断将失去衡量的标准和依据，而美育和体育则相较于智育和德育更缺少坚实的内容体系，会造成人类文化遗产的遗失。劳动作为文化、人和人类社会诞生与创新的根本源泉和动力，它既是目的也是手段，具有双重属性机制。其双重属性的相互作用、相互促进和相互影响的辩证机制，能够充分揭示和解释整个教育的内在联系。① 从目的角度而言，劳动教育重在培养学生理解劳动作为人、人类社会、人类历史、文化、道德等一切事物的根本源头，德智体美“四育”的内容都可以由劳动来推演和延伸，自然统一于劳动而融为一体；从手段角度而言，劳动教育教学活动中，学生可以领悟、体会和提升其知识、文化、艺术、审美、伦理以及身心健康。因此，劳动教育本身具有元教育特质，可以将“五育”紧密联系成一个整体，以实现综合育人的功能，培养体脑完满发展的人。

（编辑：张清宇）

On the Rationality of Combining Virtue Education, Intelligence Education, Physical Education, Beauty Education and Labor Education

Wang Fei

Abstract: Although the official position of “five education” has been clarified, there are still many disputes about whether it can be put in the same position with other “four education”. The focus of the controversy is that some views hold that labor education should be juxtaposed with the whole school education or the overall moral, intellectual, physical and aesthetic education, instead of juxtaposed with the moral, intellectual, physical and aesthetic education. This actually confuses the connotation of “labor” and “labor education” in the “combination of education and labor”. No matter from the dimension of theoretical logic, historical logic, or realistic logic, labor

① 徐长发：《新时代劳动教育再发展的逻辑》，《教育研究》2018 年第 11 期。

education can and should be combined with other education. From the perspective of theoretical logic, labor education is one of the important fields of school education and teaching activities. It bears the goal of comprehensive education together with moral education, intellectual education, aesthetic education and physical education. Although they are related, they cannot replace each other either in content or goal. From the perspective of historical logic, the development of labor education in the Soviet Union, the Soviet Union, the liberated areas and the New China all demonstrate the importance of labor education as an independent field and goal. From the perspective of practical logic, the most fundamental reason for the weakening of labor concepts, emotions and skills in schools, families and society is also the absence of labor education in the educational policy.

Keywords: Labor Education; Five Educational Proposals; Combination of Education and Labor; All-round Development

上海“生态+”劳动教育基地集群建设现状、问题与课程系统化路径建议

叶王蓓

【摘　　要】自中共中央、国务院《关于全面加强新时代大中小学劳动教育的意见》等文件颁布以来，全国各地积极开展劳动教育实践基地建设，健全学校社会协同育人机制。近年来，上海市开展“生态+”特色劳动教育基地集群建设，通过发挥区域生态优势，既提升了劳动教育基地的聚集性、专业性、辐射性，也探索出了大型国企、新农村协同劳动教育基地建设的新路径。但是，随着劳动教育基地集群化建设和发展，集群课程系统化建设也迫在眉睫。本文提出“生态+”劳动教育基地集群课程系统化建设路径和建议：以“生态+”理念引领劳动教育基地集群课程开发主体分工、目标梳理、课程开发，建设“生态+”劳动教育基地集群教学实验室，建设“生态+”劳动教育基地集群数字化评价平台。

【关 键 词】劳动教育；协同育人；基地集群；“生态+”

【作者简介】叶王蓓，博士，华东师范大学教师教育学院副教授，上海市崇明区教育局挂职副局长（2022～2023），主要研究领域为思想政治学科教学、教师教育。

自中共中央、国务院《关于全面加强新时代大中小学劳动教育的意见》，教育部《关于印发〈大中小劳动教育指导纲要（试行）〉的通知》以及《义务教育劳动课程标准（2022年版）》印发以来，全国各地积极开展劳动教育实践基

地建设。上海市不仅有长达40多年的学农教育基地建设经验，近年来更进一步发挥区域生态优势，在其世界级生态岛——崇明进行劳动教育基地集群化建设，既提升了劳动教育基地的聚集性、专业性、辐射性，也探索了大型国企、新农村协同劳动教育基地建设的新路径。但是，随着劳动教育基地集群化建设和发展，集群课程系统化建设也迫在眉睫。本文对上海市"生态+"劳动教育基地集群建设现状、问题进行分析和总结，对劳动教育基地集群课程系统化建设提出一些对策建议，以助力健全学校社会协同育人机制。

一 上海市"生态+"特色劳动教育基地集群建设现状

上海市有较好的劳动教育基地建设基础，在过去40多年里建设了一定数量的劳动教育基地，建有志愿服务、公益劳动的服务性劳动教育基地2100多家，校外学农也是上海学生的必修课。劳动教育实践基地能为劳动课程实施提供拓展性资源，为工业劳动、农业劳动及劳动周等活动开展提供保障，也是学校劳动实践室的重要补充。[①]

因此，近年来上海推进劳动教育基地建设重在凸显特点，如出现围绕某一特色主题，于特定空间区域内形成劳动教育基地集群；在具备生态优势的特定区域内——崇明生态岛，开展"生态+"特色劳动教育基地集群建设，建设一定数量的劳动教育基地，集群化发挥劳动教育基地的最大效果。集群这一概念最初源自马歇尔（Marshall），集群可以带来外部规模经济：集群有助于新知识、技术、创意在区域内传播；由于集群支持大规模生产，可以降低成本；提供区域性的专门劳动力；[②] 集群内企业由于地理上的临近和频繁交往，容易形成有利于集群发展的集体行动[③]。劳动教育基地集群，有助于兼顾基地数量足够服务学生，又提升聚集性、专业性、辐射性，集群打造劳动教育基地特色和优势。

"生态+"一直是上海特别是崇明劳动教育的侧重点。早在20世纪90年代初期，崇明开始"三园"教育探索，即"校园"与农村地区特有的"庭园"和

① 教育部：《义务教育劳动课程标准（2022年版）》，北京师范大学出版社，2022，第57~58页。

② Marshall，A.，*Principles of Economic*，London：Macmillan Press，1920.

③ Schmitz，H. and Nadvi，K.，"Clustering and Industrialization：Introduction，" *World Development*，1999，27，pp. 1503-1514.

“田园”。其中，“田园”是指可供学生实践活动用的基地，也泛指乡村社会。①最初“三园”教育侧重于农业等生产劳动教育。后来，随着绿色崇明的概念深入人心，“三园”教育转向注重生态环境保护的绿色教育。② 目前，崇明区教育局构建“三园”一体特色劳动课程体系，小学低年级以个人生活起居等庭园劳动为主要内容，小学高年级以校园劳动和庭园生活劳动为主要内容，初中以家政学习、校内外生产劳动、服务性劳动和职业启蒙教育为主要内容，普通高中以丰富职业体验、开展服务性劳动和田园生产劳动为主要内容。在“三园”一体特色劳动课程体系的基础上，崇明结合其优越的生态条件——既拥有大量的湿地、林地、绿地等自然生态资源，也拥有新农村建设示范村、花博场馆、大型工农业国企等社会资源，开展立足崇明、服务全上海市中小学生的“生态+”特色劳动教育基地集群建设，探索聚集性、专业性、辐射性更强的学校社区协同育人机制。

以下，本文对上海市崇明区“生态+”劳动教育基地集群建设的几种主要类型的现状加以介绍。

（一）大型国企协同建设劳动教育基地集群

上海市有不少大型工农业国企，拥有丰富的劳动教育资源。早在 2009 年，上海市就印发了《上海市校外教育工作三年行动计划（2009～2011 年）（试行）》，将不少企业及其资源列入上海市校外教育社会实践基地名单之中，其中就包括了江南造船厂的博物馆、光明乳业的中国乳业博物馆、中国石化上海石油化工股份有限公司的上海石油化工科技馆等。

2022 年，上海市正式启用的上海市学生综合性劳动实践基地（光明花博邨），就是比较典型的大型国企协同建设“生态+”劳动教育基地集群类型。该基地由上海光明食品（集团）有限公司加入建设，上海光明食品涉及现代都市农业如乳业、大米、生态森林等，现代都市工业如食品和农产品深加工，现代服务业如商业流通和物流配送等。其服务范围和学校劳动课程提出的农业劳动、工业劳动和现代服务业劳动内容贴近，社会实践资源丰富，便于成为劳动实践基

① 宋林飞：《农村初中“三园教学”实践与研究》，《上海教育科研》2011 年第 2 期。

② 《崇明：从“三园”教育到绿色教育》，《上海教育》2007 年第 Z1 期。

地。该基地集群占地面积大，依托“第十届中国花博园区”至“光明田原现代农业综合体”约50平方公里区域范围的核心载体，凸显“生态+”要素——在空间上聚集，凸显了森林资源、滩涂资源、生态资源、水源涵养、生物多样性特点，呼应《劳动》课程学习内容需求——设计学农实践、农业研创、职业规划三大功能，开展工农业生产劳动、新技术体验与应用、公益劳动，形成“一心+两区+N点”的集群体系化布局。

“一心”是指拥有完善配套的综合功能区，可为学生提供1016个床位，含教师宿舍区。“两区”是指种业创新聚集的花博园区和青年农场传统与现代农业融合的学生劳动实践体验区。“N点”是指一大批学生劳动教育基地，包括东滩源、番茄产业园、现代农机中心等。通过基地集群化建设，为本区域、邻近区域学校提供了聚集性、专业性、辐射性更强的“生态+”劳动教育服务。

此外，国企的科研技术人员、劳模工匠、专业技术人员等还可成为劳动实践基地教师，让学生近距离学习劳动精神。光明花博邨基地以诸伟琦劳模团队为核心，配置了20余名专业教育专员，研发了农业生产劳动、传统工艺、现代农业服务等六大类课程体系共20余门课程。

（二）新农村建设示范村协同建设劳动教育基地集群

自党的十九大提出乡村振兴以来，就教育该如何服务乡村振兴，有学者提出“乡村教育振兴”。[①] 随着劳动教育基地建设的深入，人们发现不少农业劳动教育资源丰富的地区常常就位于农村地区，而在农村地区开发劳动教育基地，有助于提升乡村振兴的重要指标如产业兴旺、生态宜居、乡风文明、治理有效、生活富裕等，因此，劳动教育赋能乡村振兴也备受关注。目前，已有一线的实践者提出劳动教育从校园走进乡村，组织中小学生到实践基地参加劳动实践，开创乡村经济发展新模式。[②]

上海市崇明区长兴镇潘石村劳动教育实践基地，就是比较典型的新农村建设示范村协同建设劳动教育基地集群的类型。

上海市崇明区长兴镇有四大央企，江南造船、中远海运、振华重工、沪东中

① 戚万学、刘伟：《乡村教育振兴的内涵、价值与路径》，《国家教育行政学院学报》2020年第6期。
② 章振乐：《劳动教育赋能，引来共同富裕“活水”》，《上海教育》2022年第6期。

华，是国家海洋装备产业基地。其中，江南造船已经建设好国家级学生社会实践基地，为学生劳动教育中的工业生产劳动提供了丰富的学习资源、职业体验场所。此外，长兴镇不仅以盛产柑橘而负有盛名，有丰富的农业劳动学习资源，而且有着交通便利的优势，离上海中心城区近，便于为市区学生提供农业劳动教育服务。但是，长兴镇尚未配备相应的大规模服务如1000人左右的学生住宿、餐饮服务，农业生产教育基地建设也亟待加强。

在这样的背景下，2022年长兴镇潘石村加入该区域劳动教育集群建设，它既作为农业生产劳动教育的开展场所、提供者，又是学生劳动教育后勤（如食宿）服务者，从而将长兴地区的多个工业生产劳动教育基地与农业生产劳动教育基地加以链接，彼此之间车程只需十多分钟，并完善了劳动教育基地集群大规模学生在长兴进行劳动周学习的后勤服务。

潘石村先后获评市文明村、市美丽乡村示范村和区乡村振兴示范村等，有开展农业劳动教育的理想条件。潘石村将鲜活的自然资源转化为劳动课程资源，经历了如下四个关键步骤。第一，长兴镇政府与崇明区教育局等单位进行联络，吸引一批熟悉农村生活、有志于开发劳动教育课程资源的一线教师和教研员。潘石村劳动教育基地吸引来了崇明区成人学校、社区学院、教育学院、区青少年活动中心的教师。第二，形成的教师团队，通过实地走访村子，与村支书、村民座谈了解农村劳动教育资源情况。第三，邀请村子中的能工巧匠报名做劳动教育专员，并针对他们擅长的劳动技能，进行课程资源开发。第四，在上述步骤基础上，形成系统课程框架，教师团队为长兴镇潘石村搭建了“做生活”劳动实践课程体系，依托柑橘园开展农事农作，涉及如柑橘种植、柑橘防治、柑橘采摘的劳动。依托村各农户的庭院开展农器制作（生活器皿、生产工具等）、农艺创作、农俗协作（如制作特色小吃）的劳动。依托村集体开展农村治理的劳动，如河道治理、庭院美化、产业融合等。到2023年春季，编制完成了《潘石村劳动实践基地活动手册》，供崇明区中小学学生到潘石村劳动实践使用。每个劳动实践活动一般用时在1~1.5小时，手册提供活动准备、活动建议及学生劳动任务单三个部分供学生学习和使用。

潘石村农户作为农业生产劳动教育的教育专员，承担对参与基地活动的学生进行生产劳动技能讲解、演示等工作，并由区社区学院、成人学校等单位为其提供上岗培训。潘石村也修缮了学生宿舍，能为参与本区域劳动教育基地活动的学生提供近600个床位和相应的教师宿舍和食堂。通过开展劳动教育基地建设，潘石村村民也迎来了新的产业，有机会通过自己的一技之长增加收入，村集体也进一步修缮了公共设施如公厕等，乡村面貌得到了进一步的改善。

（三）传统校外教育劳动实践基地集群

在上述两类新兴基地集群之外，上海地区一直以来有着较好的学生校外教育传统，主要由教育行业力量引导，不少是地方教育局的直属单位，因而有较为成熟的劳动课程体系，拥有一支劳动教育教师队伍。以崇明为例，已建有区级校外劳动教育基地集群，如形成了以东平青少年素质教育综合实践基地（具备学农、学工、学军综合功能），并充分利用当地中等职业学校如工程技术管理学校都市农林、旅游服务等实训中心，作为中小学生劳动教育实践资源。

二 上海市“生态+”特色劳动教育基地集群建设要点与问题

总之，在上海“生态+”劳动教育基地集群的建设过程中，尽管三种基地性质各有差异，优劣势也不尽相同，却都无一不把课程资源开发作为建设要点。

其中，大型国企协同建设劳动教育基地集群建设，在其以往向基础教育提供行业博物馆的基础上，进一步深入地服务劳动教育，不仅提供学生参观访问的博物馆、科技馆，更注重提供两类课程资源：劳动实践的自然课程资源、劳动精神培育的人文课程资源，学生将在做中学，在与行业人士互动的过程中领悟劳动精神。劳动实践的自然课程资源给劳动教育提供了实践的空间、对象，为培养学生的劳动观念、能力、劳动习惯和品质提供了真实的学习场景。而劳动精神培育的人文课程资源，如企业劳动文化、劳动模范、大国工匠等，通过榜样示范等作用，能起到有效的精神层面教育效果。

目前，大型国企劳动教育课程资源开发过程中，拥有较高学历的员工，如光明花博邨劳动教育基地就吸引了多位海归农学硕士员工，从事课程资源开发。但是这些职员在学科背景结构上缺少教育学背景，对教学、教法不熟悉，如何将高科技农业知识转化为中小学生能接受的语言存在一定的困扰。

新农村建设示范村协同建设劳动教育基地集群，有着得天独厚的优势，不仅能提供真实的、便于开展劳动教育实践的场所，更能够提供沉浸式的农业劳动教育学习场景。不同于在校内开拓的农业劳动场所，学生只能零星、孤立地学习某些农业劳动技能和知识，农村劳动教育基地中并不割裂地开展农业劳动教育，学生在广阔的农村田园、农村居民的庭院中开展农业劳动实践，不仅掌握了一些劳动技能、知识，更能沉浸式体会到自己所从事的劳动是整个农业生产中的重要一环，体会到劳动与幸福生活之间的联系。如围绕江南常见的农作物水稻，不同学段的学生可以选择性地学习水稻种植、除虫、收割、水稻制作成传统食物、水稻秆编成草绳草盖等任一技能，但是无论他们学习哪一个劳动技能，他们都能亲眼看到农村生活中所学习的劳动技能及其成果如何改变和影响人们的生活，从而有助于当代远离农村生活的城市学生沉浸式了解农业劳动的智慧，更容易对劳动产生正确的认识。

但是，不同于大型国企，农村地区常常并不具备人才资源优势，缺少能够独立开发课程、组织课程教学活动的人才。另外，随着农村地区人口流出，农村地区常住人口老龄化情况比较严重，部分农业劳动、传统工艺方面的能工巧匠尽管熟悉劳动技能，但是语言表达等方面离顺利承担教育专员工作还有一定的差距。

教育行政部门直属的校外教育单位尽管有一定的劳动教育课程体系、师资队伍，但是受限于传统，部分政策、机制尚未及时转变，因而传统的校外劳动教育基地在服务对象的广度、深度上还有待提升。一方面，服务对象广度有限。上海市“学农”教育主要针对高中二年级学生，一般学生会在学校老师带领下在学农教育基地驻扎，开展为期一周的劳动实践。而小学、初中阶段的学生则没有相似的政策，没有机会参与这类基地的农业劳动教育。另一方面，服务的深度有限。当下，教育系统的校外劳动教育基地与校内教育、校内劳动教育之间还缺少深度合作以完善劳动教育课程。目前，主要由校外教育基地的教师开发劳动教育课程资源。尽管一直以来校外教育基地的劳动教育教师也在不断更新课程方案，创新教学路径，但是缺少对校内学生学习情况的把握，难以设计出具备深度学习、激发学生创新的劳动教育课程。如2023年崇明区学农课程中增设“新农村调查”这一学习内容，并联系基地邻近村庄供学生参访、调查使用。但是劳动教育基地教师缺少对学生校内相关学习情况的了解，难以结合如高中《思想政治》等课程学习的知识，对新农村调查进行系统设计。

总之，随着上海崇明“生态+”劳动教育基地集群建设步伐的加快，越来越多的企业、村集体有志于加入劳动教育基地集群。如2023年崇明区劳动教育宣传周活动上，就有多家企业成为区级劳动教育基地。上海市计划进一步打造长兴、横沙、崇明三岛联动的工农业生产基地集群，统筹规划、优化配置劳动教育实践资源，挖掘区域内丰富的“三农”资源、生态资源、工业制造资源和非遗文化资源，形成各具特色的劳动实践基地集群联动，建立学校与劳动基地长期协同育人机制。

这体现了上海“生态+”劳动教育巨大的数量潜力，由此，“生态+”劳动教育基地集群课程系统化建设也迫在眉睫——课程既是基地集群服务学校劳动教育的重要“产品”，又是集群中各基地相互关联，进行专业化分工的重要“依据”。当下，上海三个类型的“生态+”劳动教育基地集群不仅分别要面对各自的课程开发和改进的任务，各基地集群间还存在课程互相协调和系统化的任务。从产业集群研究角度来说，劳动教育基地集群的课程系统化建设，属于完成数量、质量提升之后研发和创新的阶段，提高基地集群的工作效率、产品质量等。这个阶段关系集群的未来走向甚至生存，[①] 也将会是全国其他劳动教育基地集群建设发展中必将遇到的问题。以下，本文以上海市“生态+”劳动教育基地集群为例，分析课程系统化建设路径与建议。

三　上海“生态+”劳动教育基地集群课程系统化建设路径与建议

（一）以“生态+”理念引领劳动教育基地集群课程开发主体分工、目标梳理、课程开发

目前，上海市初步探索“生态+”劳动教育基地集群化建设，在物理空间上，劳动教育任务主题上，将相似的基地进行了集群化梳理和打造。但是，基地课程建设还处于早期阶段，课程目标体系较零散、目标选择较随意、重复度高，这和劳动教育基地课程开发逻辑有关。如不少劳动教育基地课程开发逻辑呈现“从物到物”的线性特点：以本基地有哪些具体资源（物）作为课程设计起点，继而开发适用的劳动教育任务群（主要局限于生产劳动任务方面），最终对学生的劳动过程和劳动作品（物）展开评价（主要聚焦劳动能力）。这折射了我国劳

① 阮建青、石琦、张晓波：《产业集群动态演化规律与地方政府政策》，《管理世界》2014年第12期。

动教育基地从数量发展到特色发展过程中的基地课程开发思路。但是随着劳动教育基地进入集群化发展，这一课程开发逻辑不仅影响了劳动教育基地服务、落实劳动课程标准的广度和深度，更容易造成集群内各基地重复建设、协作不足甚至混乱等问题。

需要调整各基地以往课程开发的逻辑，以“生态+”理念引领劳动教育基地课程建设：厘清参与基地建设的多主体责任和分工，明确课程目标，细化课程体系设置，将劳动教育素养学习和劳动任务实践，置于人、自然、社会互动的诸多“生态+”议题中。

首先，由于劳动教育基地集群参与主体多，容易造成多主体在课程目标和内容设置上的不同分工，如生产劳动技术性人员与学校教师，对劳动教育应该侧重于什么会有相当不同的声音，在课程开始设计之初，所有参与的主体就需要厘清各自的责任，便于形成完整的课程体系，明确哪些主体负责物质资源提供，哪些主体负责专业劳动技能等知识的提供，哪些负责教育教学过程的设计，哪些主体负责集群课程的整体管理和实施。

其次，厘清“生态+”劳动教育目标。在劳动课程标准提出的劳动任务群的基础上，凸显每项劳动任务所侧重的“生态+”目标，形成目标矩阵。也可借鉴吸收联合国教科文组织针对可持续发展教育提出的17个教育目标融入劳动教育中。结合上海市崇明区丰富的劳动教育集群资源，学习如下可持续发展的重要内容：气候变化、生物多样性、负责任消费和生产等。[①]

最后，以“生态+”议题为劳动教育基地集群课程体系开发的起点，形成“‘生态+’议题—劳动任务—核心素养”的课程体系开发逻辑，有助于增强劳动教育基地集群课程目标的系统性、层次性，提升基地集群课程资源服务学校劳动课程目标的广度和深度。这一课程开发逻辑有三个优点。

其一，劳动教育基地便于结合其拥有的具体物质资源形态与相关“生态+”议题建立联系，既允许劳动教育基地发挥其资源环境优势，也便于资源相似的基地之间沟通，形成区别和联系：物质资源相似，仍可分工选择不同的“生态+”议题，从而发挥集群基地的各自优势，避免重复。

其二，“生态+”议题促使劳动教育基地集群开发结构化、层次性、系统性

① 杨尊伟：《面向2030可持续发展教育目标与中国行动策略》，《全球教育展望》2019年第6期。

的劳动学习任务，改变原来简单的“从物到物”的课程开发逻辑。可为学生提供情境复杂的劳动学习任务，而不是简单、重复的任务，从而服务学生更广、更深的劳动素养学习，如促成劳动观念、劳动精神的提升。

其三，“生态+”议题在目前国际可持续发展教育研究和实践中，已经积累了一定数量的各学段教学案例，探索出各学段教学法的差异和重点（低年级注重趣味性、高年级注重项目化探究和深度等），注重互动的、以学生为中心的教学设计，便于我国劳动教育基地集群加以参考，对小学、初中、高中等学段开展“生态+”劳动教育课程设计。

（二）建设“生态+”劳动教育基地集群教学实验室

如何把劳动教育基地集群丰富的物质、实践资源，转化为源源不断的教育资源，需要在基地集群开展两个层次的实验。

第一层次，建设研究教的实验室。“生态+”劳动教育课程需要两类教师：一类是具有教育教学背景的教师，包括中小学教师、高校教育研究工作者等；另一类则是具有“生态+”劳动知识和技能的工人、农民、工匠、科技工作者等。两类教师需要在劳动教育基地中开展教育教学研究实验，既包括对教学本身的研究，也包括对教学合作形式和效果的研究。

一是对教学本身的研究。围绕“‘生态+’议题—劳动任务—核心素养”课程开发逻辑，选择课程目标，梳理基本教学内容，探索教学方法和模式。只有两类教师在劳动教育基地中深入互动、开展研究和实验，才能开发出真实、适应学生劳动教育的“生态+”劳动教育课程资源。

二是对教学合作形式和效果的研究。我国教师有着悠久的集体教研传统，这也被国际社会视为中国教育的秘密武器。但是，目前劳动教育师资力量薄弱，一线学校劳动教师多为兼任教师，如何与各行各业的劳动者形成教研工作团队、采用哪些合作形式、效果如何，是本层实验研究的重要内容。

第二层次，建设研究学的实验室。要注重教学法的探索。劳动教育不同于其他学科课程，作为典型的活动课程，劳动教育不能仅将学生安置到一定的校外空间之下，向其提供课程教学资料，并按部就班地安排一定的活动任务和时间就可以。回顾美国杜威的实验学校、帕克的活动课程实验，无一不是以学生为中心、以项目学习为载体，开展跨学科学习，从而提升学生的综合素养。“生态+”劳动教育实验室更应该向学生提供立体、非线性的劳动教育学习场景，开展以学生为中心、探究式的项目学习，鼓励学生运用多学科知识，从而解决劳动教育难题，改变劳动教育“打卡式”“观光式”误区，手脑并用，进行劳动创造，深入体会生态文明视野下更高级形态的劳动和人与自然、人与社会的关系。

在建设研究学的实验室的过程中，还要注重教学评价。生产劳动在成为正式学校教育的一部分以后，主要采用了表现性评价（performance-based assessment）。尽管表现性评价引入学术性科目的时间不长，但在生产劳动教育中一直存在。这和生产劳动教育的传统有关，早在以学徒制培养生产劳动者的时代，学徒生产劳动能力的掌握情况，主要由有经验的师傅进行观察、判断。劳动教育评价既需要贯穿、嵌入劳动学习的全过程，又需要形成清楚的评价步骤：清楚辨别评价目标，决定测量哪些知识和技能，选择最合适开展的评价策略，调查评价实施的效果，确定评价的题目。①

（三）建设“生态+”劳动教育基地集群数字化评价平台

劳动教育重过程性评价、发展性评价，注重档案袋等评价手段和工具的使用。但是这又给评价数据储存、个性化跟踪和指导带来了巨大的挑战。基于“生态+”劳动教育实验室的教学、学习模式实验和探索，开展数字化评价平台建设，有助于针对劳动教育的过程性评价特点，建立储存大量图片、反思性文字等的电子化评价平台，优于纸质储存；有助于发挥学生在评价中的主体性特点，在评价中纳入学生多元的、个性化的自我评价作品；有助于建立区域劳动教育评价平台，便于在平台基础上汇集、描绘区域内学生劳动教育数字画像；有助于对不同学习能力和态度的学生给予个性化的跟踪、指导；有助于兼顾德育一体化评价需求，无论学生升学进入哪一个学段，数字化评价平台都有其小学、初中、高中等的数据；从长远来看，也有助于学生纵向理解和发展自己的职业规划，在后续升学和就业中可以继续使用。

（编辑：胡玉玲）

① Speers, J., *Design and Utilization of Performance Assessment by Vocational Educators*, Bloomington-Normal, Illinois State University, 2008.

Shanghai's Construction of "Ecological+" Labor Education Practice Base Cluster: Reality, Problems, Methods and Advice to Construct Systematic Curriculum

Ye Wangbei

Abstract: Since the central committee of Chinese Communist Party and State Council issued the "Suggestion on fully enhance labor education in university, middle and primary schools in the new era", China started the construction of labor education bases to explore mechanism to enhance school-society collaboration. Labor education base construction experienced three stages' development, to solve lack of resources, lack of features, and lack of systematic design. Shanghai in recent years, developed "ecological+" labor education practice base cluster, to made use of ecological resource and enhance labor education effects. While, the construction of systematic curriculum become even more important. This article suggested to guide curriculum design with the "ecological+" ideal, to construct teaching experiment labs, and digital evaluation platform.

Keywords: Labor Education; School-society Collaboration; Base Cluster; "Ecological+"

《义务教育劳动课程标准（2022年版）》对劳动教育教师的新要求、新挑战及其应对*

谭天美　童雨欣

【摘　　要】《义务教育劳动课程标准（2022年版）》颁布，使《劳动》课程从《综合实践活动》课程中独立出来，成为一门独立课程，赋予劳动教育新时代使命。劳动新课标对新时代劳动教育教师自身劳动素养、劳动课程执行能力以及劳动教育研究素养等方面提出新要求。基于新要求和田野调查研究，本文认为劳动教育教师面临着劳动专业知识待丰富、劳动专业能力待提升及劳动专业情感待转变等新挑战。依据劳动教育教师面临的新挑战，基于学习共同体理论，应以劳动教育教师自主学习为中心，构建以"教研小组""研修团队""学习社群"三类学习共同体为支撑的"劳动教育教师学习共同体叠加模式"，以期提升劳动教育教师能力，实现"大国强师"的新时代理想。

【关 键 词】劳动教育；劳动课程标准；劳动教育教师；教师专业发展；学习共同体

【作者简介】谭天美，广西师范大学教育学部副教授，硕士生导师，主要研究领域为课程与教学论、家庭教育；童雨欣，广西师范大学教育学部硕士研究生，主要研究领域为教师教育。

* 本文系"义务教育劳动新课标研究"系列论文之二和2022年度国家社会科学基金项目"西部地区乡村本土人才振兴的现实困境与机制优化研究"（项目编号：22CSH034）的阶段性研究成果。

习近平总书记在2018年全国教育大会上指出，要“培养德智体美劳全面发展的社会主义建设者和接班人”。为全面深化课程改革，提高全体国民素质及人才培养质量，2022年4月教育部对义务教育课程方案和课程标准作出了新的修订，其中《劳动》课程从《综合实践活动》课程中独立出来，成为一门独立课程，并公布了《义务教育劳动课程标准（2022年版）》（以下简称《课标》）。劳动（教育）教师[①]作为劳动课程的实施者，是《课标》的执行主体，应深入理解《课标》意涵，明确《课标》对劳动教师素养提出的新要求。由于目前专业化劳动师资薄弱[②]，多数中小学校实施的劳动课程缺少专职劳动教师，且多为兼职劳动教师，这对《课标》的顺利落地提出了新挑战。当然，无论是专职劳动教师还是兼职劳动教师，皆应以实施劳动教育为己任，以发展学生劳动素养为目的。从劳动教师视角来看，相比2017年教育部印发的《中小学综合实践活动课程指导纲要（试行）》（以下简称《指导纲要》），《课标》对劳动教师提出了新要求。《课标》中的新要求会转化为对教师专业知识、专业能力及专业情感的新挑战。为了全面推进劳动教育，落实《课标》，有必要深入分析《课标》对劳动教师提出的新要求，明晰劳动教师面临的新挑战，进而探究《课标》下劳动教师应对新挑战的实现路径，以期助力新时代劳动课程的实施与新时代劳动教师的发展，推动“强师计划”顺利实现。

一　《义务教育劳动课程标准（2022年版）》对劳动教师的新要求

新时代劳动教师作为劳动教育的立教之本、兴教之源，是践行《课标》的关键。为深化落实《课标》，劳动教师需以《课标》对其劳动素养、课程执行能力及研究素养提出的新要求（见表1）为思想指南，不断充实、提升自我。

---

① 本文“劳动教师”与“劳动教育教师”同义，下文中统称为“劳动教师”。

② 党印、曲霞：《劳动教育专任教师：职责、供求与培养路径》，《劳动教育评论》2021年第2辑。

表1 《义务教育劳动课程标准（2022年版）》对劳动教师的新要求

新要求	具体内容
提高自身劳动素养	正确、科学且坚定的社会主义劳动观念，综合、全面且卓越的劳动能力，主动、诚信且优良的劳动习惯与品质，勤俭、奉献且深邃的劳动精神
提高劳动课程执行能力	提高家校社联动能力，提高劳动情境创设能力，提高劳动安全管理能力，提高劳动课程综合评价能力
提高劳动教育研究素养	钻研学生劳动素养要求及发展需求，深研劳动课程的规划与组织，探研跨学科的劳动主题教学

（一）新的素养要求：劳动教师劳动观念、劳动能力、劳动习惯和品质、劳动精神的全面转变

劳动教师良好的劳动素养是其有效实施劳动教育的前提。《课标》强调劳动教师的素养发展，要求教师“努力提升自身劳动素养”，即对劳动观念、劳动能力、劳动习惯与品质、劳动精神分别提出新要求。

一是要求劳动教师树立正确、科学且坚定的社会主义劳动观念。“劳动无高低贵贱之分，但劳动观念有正确与错误之别。”① 劳动教师首先应摆正自身劳动观念，明晰我国社会主义劳动观念的正确所在，懂得为谁劳动、从事什么劳动、如何对待劳动。② 社会主义劳动观念强调“以辛勤劳动为荣，以好逸恶劳为耻”③。因此，劳动教师更应精准把握新时代劳动教育的价值方向，具备“劳动最光荣、劳动最崇高、劳动最伟大、劳动最美丽”④ 的价值观念，将体力劳动与脑力劳动放在同等重要的位置。同时，劳动教师还应具备公共服务意识与社会责任感，懂得无私奉献，以劳动服务社会。

二是要求劳动教师具备综合、全面且卓越的劳动能力。《课标》中指出劳动能力是个体的劳动知识、技能等在劳动实践中的综合表现。因此，劳动教师首先

---

① 上官苗苗、李春华：《论新时代劳动精神的内涵、价值与培育路径》，《思想理论教育导刊》2020年第6期。

② 倪素香、吴题：《论劳动教育的着力点与时代新人的培养》，《马克思主义理论学科研究》2021年第12期。

③ 梅清海：《树立社会主义荣辱观学习问答》，人民出版社，2006，第1页。

④ 习近平：《习近平谈治国理政》第一卷，外文出版社，2018，第46页。

应具备系统的劳动知识。劳动知识包括劳动理论知识和实践知识[①]，即经典的劳动教育基本理论、基本思想以及各类劳动的操作知识。对比《指导纲要》，《课标》强调“新技术体验与应用”与传统工艺制作的劳动内容，表明劳动教师还应掌握现代化新技术与传统工艺制作的劳动知识。此外，劳动教师还要具备连贯的劳动技能，包括日常生活、生产和服务性劳动技能，应熟练掌握这三种类型的劳动技能，并能将其融会贯通。

三是要求劳动教师具备主动、诚信且优良的劳动习惯与品质。《课标》中指出“劳动习惯和品质是通过经常性劳动实践形成的稳定行为倾向和品格特征”。劳动习惯与品质主要包括劳动自主、劳动诚信、劳动责任。[②] 因此，劳动教师应具有将劳动付诸实践的意识，自觉主动、积极自愿地投入劳动活动中，养成主动、安全规范、有始有终的劳动习惯以及诚实守信、吃苦耐劳、认真负责的劳动品质。由于学生倾向于以教师为学习榜样，这就需要劳动教师在劳动教学中充分展现自身所具备的良好劳动习惯与品质，通过以身示范，潜移默化地影响学生。

四是要求劳动教师具备勤俭、奉献的劳动精神。马克思主义劳动观是当代中国劳动精神的思想内核和价值依归。[③] 劳动教师应深入学习马克思主义劳动观的相关理论，在全面把握马克思主义劳动观的基础上继承中华民族勤俭节约、敬业奉献的优良传统，弘扬开拓创新、砥砺奋进的时代精神，感知爱岗敬业、甘于奉献的劳模精神，培养百折不挠、艰苦奋斗的革命精神，发扬精益求精、追求卓越的工匠精神。

（二）新的能力要求：劳动教师家校社联动、情境创设、安全管理等课程执行水平的稳步提高

教师课程执行能力是指“在课程政策的指引下，执行主体充分发挥主观能动性，利用各方资源，有效实现课程目标的动态过程中体现出的能力”[④]。劳动教师是劳动课程的执行主体，其劳动课程执行能力是劳动课程有效实施的关键。

---

① 倪志宇、白金、李卫森：《高校劳动教育课程的体系建构》，《中国高等教育》2022年第1期。

② 纪德奎、陈璐瑶：《劳动素养的内涵、结构体系及培养路径》，《天津师范大学学报》（基础教育版）2021年第2期。

③ 张智：《深刻把握劳动精神的科学内涵和时代价值》，《中国青年报》2021年9月23日。

④ 杜尚荣、游春蓉、朱艳：《论教师课程执行力的内涵、表征及功能》，《课程·教材·教法》2022年第3期。

《课标》对劳动教师的劳动课程执行能力提出的新要求可以概括为以下四个方面。

一是要求劳动教师提升家校社联动能力。《课标》中同时提到家庭、学校和社区高达15次，以其他形式变相呈现家校及校社合作的提法超过30次。显然，家校社联动在劳动教育课程实施中显得尤为重要。对比《指导纲要》，《课标》还专门新增了“学校与家庭、社区协同开展劳动教育建议”模块，充分肯定且重视劳动课程中家校社合作育人。劳动教师作为家庭、学校与社区间的沟通桥梁，其家校社共育意识和联动能力是提高家校社共育实效的关键。[①] 一方面，劳动教师应增强家校社共育意识，要能洞悉家校社协同育人的主要领域、工作重点及其优势，具备有效沟通家校社三者的方式方法，掌握解决家校社协同困难的途径；另一方面，劳动教师应提升家校社联动能力，家校社协同育人要求劳动教师善于与多方沟通，组织家校社合作，化解家校社冲突，整合家校社劳动资源，助力劳动教育三管齐下。

二是要求劳动教师增强劳动情境创设能力。《课标》在劳动过程指导建议中强调劳动教师的劳动情境创设指导能力。劳动教师作为学生劳动的指导者，其劳动情境创设能力是开展劳动教育的关键依托。《课标》强调劳动情境的真实性、教育性、开放性。首先，劳动教师应立足于班级学生的真实劳动需求创设劳动情境，或是从学生现实生活的问题出发，以解决问题为核心创设劳动情境，指导学生明确劳动任务。其次，劳动教师应关注劳动问题设计，以问题激发学生的劳动热情，应注重劳动文化在劳动情境创设中的有机融入，充分体现劳动情境的育人价值。最后，劳动教师应充分利用好各方面的资源，打破时空限制，开放性地创设劳动情境。

三是要求劳动教师提高劳动安全管理能力。在《课标》中，“安全”二字提及高达74次，显然，劳动安全贯穿整个《课标》，足以证明劳动实施过程安全规范的重要性。这也要求劳动教师在教学过程中要具备强安全意识，提升劳动安全管理能力，保证劳动过程安全规范进行。首先，劳动教师应具备强劳动安全意识。劳动教师应通过加强对劳动危险行为的判断能力，提升安全敏感性，进而强化自身劳动安全意识。其次，劳动教师还应提升劳动安全管理能力。劳

① 孙夕礼：《学校在家校社协同育人方面如何作为》，《人民教育》2021年第8期。

动教师需在劳动教学过程中时刻遵守安全第一的原则并详细制定劳动实践活动风险防控预案，掌握紧急事故处理方法，具备基本的应急救援能力，确保劳动过程安全进行。

四是要求劳动教师提高劳动课程综合评价能力。《课标》强调劳动课程评价须遵循导向性、发展性及系统性原则。对比《指导纲要》，《课标》对劳动教师的综合评价能力作出了新要求。首先，劳动教师要聚焦劳动课程评价的核心素养导向，关注学生核心素养发展状况。其次，劳动教师要利用好评价的反馈改进功能，给予学生及时反馈并能正确对待学生劳动过程中出现的问题。再次，劳动教师要进行系统性课程评价，将过程性评价和结果性评价相结合，兼顾家庭、社会劳动实践评价，并以多元化评价主体及多样化评价方式助力评价系统化。最后，劳动教师要重视评价内容的设置，紧扣课程内容要求与劳动素养要求设置平时表现评价内容，根据学生年龄特征和培养目标差异化地设置阶段综合评价内容。

（三）新的教研要求：劳动教师学生劳动素养、劳动课程规划、跨学科劳动教学等研究素养的快速提升

教研是教师提升自我、提高教学质量的重要途径。《课标》强调劳动教师的研究素养，包括对学生、劳动课程及跨学科的研究。此即要求劳动教师要钻研学生劳动素养要求及发展需求，深研劳动课程的规划与组织，探研跨学科的劳动教学。

一是要求劳动教师钻研学生劳动素养要求及发展需求。《课标》强调劳动教师要“掌握不同学段学生劳动素养要求”，强调“关注学生个性化、多样化的学习和发展需求”。这就要求，一方面，劳动教师要能全面把握每个学段学生劳动素养要求。劳动教师对学生劳动素养要求的把握有助于其更精准地实施劳动课程，设计契合学段要求的劳动项目，选择契合学段要求的劳动内容，安排契合学段要求的劳动流程。另一方面，劳动教师要能深入了解学生的个性特征，明确学生个体劳动素养发展需求。劳动教师通过深入观察研究学生，把握学生的个性特征，并结合特征分析其劳动素养的表现情况，设计出具有针对性的劳动教学内容，促成育人目标高效达成。

二是要求劳动教师深研劳动课程的规划与组织。相较于《指导纲要》中强调学校是课程规划的主体，《课标》则要求劳动教师应“不断提升课程的规划与

组织能力”，突出参与及研究劳动课程规划与组织的重要性。因此，劳动教师要积极参与学校、学段、年级劳动课程整体方案的规划设计，应以《课标》为指导，把握好劳动课程目标与内容，从学生的实际情况出发，参与劳动课时安排、劳动项目设计、劳动实践过程的组织与指导、课程评价方案的制订。同时，劳动教师还要深研劳动周的规划与组织。《课标》中指出，劳动周是劳动课程的重要组成部分。劳动周的设计与组织离不开劳动教师的参与及研究。劳动教师需要充分考虑劳动周内容的系统连贯，推动劳动周有效实施。

三是要求劳动教师探研跨学科的劳动主题教学。开展跨学科研究是实施跨学科学习的基础，跨学科研究是指不同学科领域之间知识的相互渗透和影响。① 《课标》中强调“设立跨学科主题学习活动，加强学科间相互关联”，要求劳动教师要拥有跨学科意识及思维，具备跨学科研究能力，深研跨学科的劳动教学。有学者指出，跨学科学习是基于学科而又主动跨界。② 因此，劳动教师首先应要能看到本学科的特殊性，牢固掌握本学科知识，持续发展本学科能力，扎实本学科素养。劳动教师还应主动在劳动学科与其他学科间建立联系，将多学科抽象的知识转化为生动且具体的劳动学科教学内容并融合于劳动问题解决中，以问题为导向设置劳动项目及任务。

二 《义务教育劳动课程标准（2022 年版）》对劳动教师提出的新挑战

“教师对新课程改革的阻抗直接影响着课程改革的实施过程与效果。”③ 为贯彻落实义务教育新课程改革，有必要深入开展实证研究，明晰问题，寻找答案。本文基于劳动教师视角深入调查，以广西三市四县的 30 名中小学劳动教师（包括兼职教师）为嵌入式案例，并对其进行简要编码，运用自下而上的扎根方法探讨《课标》对劳动教师的新挑战。

① 吕晓赞、王晖、周萍：《中美大数据论文的跨学科性比较研究》，《科研管理》2019 年第 4 期。

② 郭华：《落实学生发展核心素养 突显学生主体地位——2022 年版义务教育课程标准解读》，《四川师范大学学报》（社会科学版）2022 年第 4 期。

③ 袁舒雯、邵光华：《教师课改阻抗及消解策略研究回溯与反思》，《教育理论与实践》2013 年第 17 期。

（一）专业知识新挑战：劳动教师综合的劳动专业理论知识有待提升

一是劳动教师的“劳动基本理论知识”需要进一步丰富。目前劳动教师以兼职为主，大多教师对劳动基本理论知识没有系统的学习与把握。例如，笔者在访谈劳动教师时，他们都提及自己是兼职教师，坦言自己不了解，更没有系统学过劳动理论知识。然而《课标》对劳动知识的要求使得劳动教师必须扎实知识基本功，打破劳动理论缺失的樊篱。

二是劳动教师的“现代化新技术劳动知识”需深度填充。新技术应用是一种崭新的理念和教育模式。① 有关研究表明，目前新技术知识学习成为教师的压力与挑战②，多数教师对新技术的现代劳动知识了解较少，且教师新技术应用能力普遍较低③。这导致劳动教师难以回应《课标》对新技术劳动知识的要求。

三是劳动教师的“中华传统工艺文化知识”需要继续学习。《课标》要求劳动教师深谙中华民族传统工艺文化。“传统工艺的复杂程度较高”④，若要在劳动课程中有效实施“传统工艺制作”任务群，教师需具备扎实的传统工艺文化知识，包括理论知识及操作知识。但有研究表明，目前多数教师在传统文化方面底子太薄，传统文化素养普遍偏低，⑤ 传统工艺文化知识与技能更是缺乏，这无疑给劳动教师带来了新挑战。

（二）专业能力新挑战：劳动教师系统的劳动专业能力有待加强

一是劳动教师的劳动育德能力仍待提升。劳动育德能力也即劳动教师能够将德育与劳动学科知识教学相融合，使学生受到良好的陶冶，进而形成远大理想、坚定信念、向上精神的能力。⑥ 《课标》要求劳动教师提高自身劳动素养，重视

① 刘海明、谢志远、刘燕楠：《高职教育人才转型的战略思考：推进产教融合，服务产业发展——兼谈高职院校“新技术应用”人才培养方略》，《高等工程教育研究》2018年第2期。

② 袁涤非、郑燕洪、余剑波：《信息技术环境下课堂文化区隔的惯习分析——兼论“黑板搬家”的原因》，《湖南社会科学》2016年第4期。

③ 竺建伟：《上海市中小学教师实验能力提升培训的研究与实践》，《上海教育科研》2020年第9期。

④ 杨达维：《传统工艺传承背景下的构建类玩具设计》，《包装工程》2019年第6期。

⑤ 肖正德：《中小学中华优秀传统文化教学的突出问题及完善之路》，《中国教育学刊》2019年第11期。

⑥ 柳海民、谢桂新：《质量工程框架下的卓越教师培养与课程设计》，《课程·教材·教法》2011年第11期。

劳动课程的育德功效。然而，目前多数教育者淡化了劳动教育的丰厚育人价值，[①] 部分劳动教师有劳动育德之意，但往往因其能力欠佳而事倍功半[②]，劳动育德能力面临着新挑战。

二是劳动教师的劳动教学能力需持续跃升。教学能力包括教学设计、教学实施和教学检查评价能力。[③]《课标》要求劳动教师提升劳动情境创设能力、劳动技能、劳动课程综合评价能力。但调查发现，多数劳动教师这三方面能力较弱。例如，Y老师反思自己的能力并指出，“我目前所掌握的劳动技能与《课标》的要求还有一定差距，很多地方都还存在不足”，“因为学校有劳动菜园，每次只用把学生带到菜园劳作，没太关注劳动情境的创设，也不知该如何创设”。L老师则在评价方面受限，认为“没有精力进行平时表现评价，大部分是期末总结”。由此看来，劳动教师的劳动教学能力受限，正面临新挑战。

三是劳动教师的劳动教育管理能力需要不断加强。劳动教育管理能力是指劳动教师对学生校内外劳动学习和活动进行管理的能力。《课标》要求劳动教师具备强安全意识，提升家校社联动能力。然而，部分劳动教师虽意识到劳动安全重要，但应急救援能力不足。例如，A老师说到：“我应该可以解决简单的安全问题，但遇到紧急安全问题发生时，我通常会感到手足无措。”此外，在访谈中发现，多数劳动教师对家校社联动表示排斥，认为这是学校应该做的，反复与家长沟通需花费双方大量时间。劳动教师对自身劳动安全管理能力的怀疑及对家校社联动的抗拒导致劳动教师的劳动教育管理能力面临挑战。

四是劳动教师的劳动教育研究能力需要不懈强化。劳动教育研究包括对劳动课程、劳动教学的研究等。《课标》要求劳动教师深研劳动课程的规划与组织，探研跨学科的劳动教学。但有关研究表明，目前教师参与学校课程发展的意愿不强，[④] 深研劳动课程的规划与组织更显困难。此外，多数教师跨学科思维欠缺、跨学科能力较低，[⑤] 部分劳动教师难以进行跨学科研究。鉴于此，面对《课标》

① 陈斌：《新时代劳动教育的价值旨趣与逻辑转向》，《大学教育科学》2021年第4期。

② 李国强、严从根：《学科育德的内涵意蕴、现实样态及改进策略》，《课程·教材·教法》2021年第4期。

③ 仲小敏：《论综合课程教师教学技能与素养的建构——以科学课程教师为例》，《教师教育研究》2005年第3期。

④ 周正、温恒福：《教师参与课程发展：调查与反思》，《课程·教材·教法》2009年第8期。

⑤ 王欢、田康：《教师跨学科素养的现实问题与应然追求》，《教育理论与实践》2022年第2期。

的要求，劳动教师的研究能力仍需强化。

（三）专业情感新挑战：劳动教师真挚的劳动专业情感有待丰富

一是劳动教师需要赓续劳动热情。劳动教师的劳动热情主要体现为其对职业劳动的热爱及对劳动学科的热爱。情感是精神形成的前提，《课标》要求劳动教师拥有积极的劳动精神，同样也强调挚切的劳动情感。但目前独生子女教师逐渐增多，其在生活经历上相对缺乏，[①] 部分年轻劳动教师在家庭中承担的劳动较少，对劳动学科内容掌握不够深刻，缺乏劳动热情。此外，有研究调查发现中小学教师的情绪衰竭较高，情感处于极度疲劳状态，[②] 对教师职业劳动的热爱减弱。鉴于此，劳动教师的劳动热情正面临着新挑战。

二是劳动教师需要增加对学生劳动的关注。劳动教师对学生劳动的关注是劳动教师专业情感的重要体现，也是保证劳动教育有效实施的关键。《课标》要求劳动教师钻研学生劳动素养要求及发展需求。然而，当前多数教师对学生的了解仍不够深刻，[③] 缺乏对学生个性特征、学生劳动过程表现的关注，进而导致对学生劳动素养把握不当，发展需求知悉欠妥。因此，加强对学生劳动的关注成为劳动教师亟须应对的新挑战。

三是劳动教师需要鼓足自身专业认同感。教师专业认同是指个体对于自己作为教师的感知和认同。[④] 新修订的义务教育课程方案将劳动及其所占课时从综合实践活动课程中独立出来。但目前劳动教师以兼职为主，其专业角色定位尚未清晰，大多缺乏专业认同。例如H老师说到："我平时真的太忙了，顾这顾那的，如果硬让我去参加专门的劳动教育培训，我不是很愿意。"C老师也说到："我只是一名兼职劳动教师，平时任务很多，没有必要花时间去专门提升劳动教育水平。"可见，部分劳动教师未充分感知劳动教师的角色，自身专业认同感偏弱，面临着新挑战。

---

① 朱小蔓、王平：《在职场中生长教师的生命自觉——兼及陶行知"以教人者教己"的思想与实践》，《南京师大学报》（社会科学版）2017年第3期。

② 伍新春、齐亚静、臧伟伟：《中国中小学教师职业倦怠的总体特点与差异表现》，《华南师范大学学报》（社会科学版）2019年第1期。

③ 孟戡：《"以学生为中心"教育理念下职校理论课教学策略的现状与思考》，《教育与职业》2013年第33期。

④ 程尚清、窦刚：《教师专业认同过程研究述评》，《中国成人教育》2014年第19期。

三　基于《义务教育劳动课程标准（2022年版）》的劳动教师能力提升策略

基于新课标背景，鉴于劳动教师专业知识、专业能力及专业情感等方面所面临的新挑战，笔者尝试从学习共同体理论出发，构建劳动教师学习共同体模式，助力劳动教师能力提升。“学习共同体”（Learning Community）或译为“学习社区”，它是由学习主体和学习助力者共同组成，以完成共同的学习任务，实现共同的发展为目的。学习共同体是强调在学习过程中的互动、沟通、交流和分享，强调在特定空间和时间下发挥群体动力作用，促使学习效益最大化的学习型组织。从学习共同体视角来看，劳动教师学习共同体应以教师劳动知识建构为主的自主学习为核心，积极联通校内教师、劳动教育专家、行业从业人员，促成劳动教育的意义协商和人际心理相容，进而有效落实《课标》提出的新愿景，最终促进劳动课程的顺利实施。据此，可以尝试构建以教师自主学习为中心，以“教研小组”“研修团队”“学习社群”三类学习共同体为支撑的“劳动教师学习共同体叠加模式”，具体如图1所示。

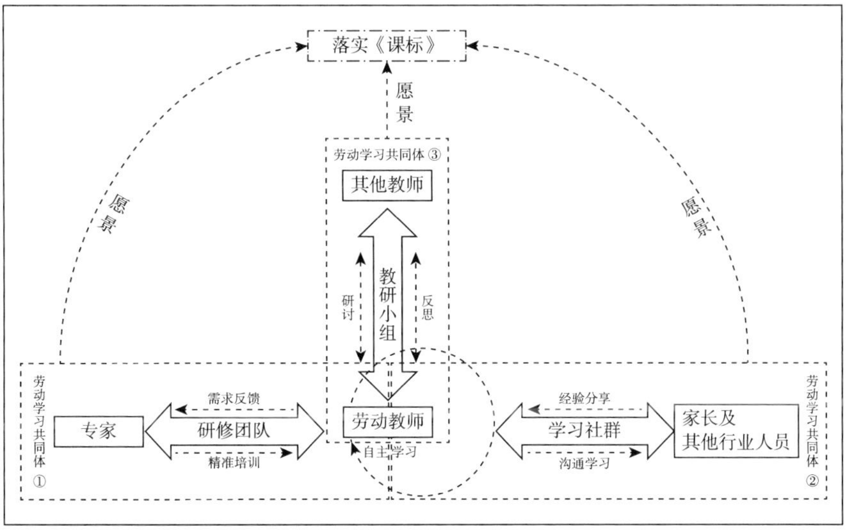

图1　劳动教师学习共同体叠加模式

（一）自我革新：基于《义务教育劳动课程标准（2022年版）》的劳动教师“自主学习”

劳动教师的自主学习与研究是其专业自主性的表现，是形成高效能学习共同体的前提。[①] 因此，劳动教师应不断更新自我，基于《课标》的要求进行自主学习与研究。一是自主学习劳动相关理论知识。劳动教师可以通过精读马克思主义劳动理论的经典著作，形成正确的劳动价值观，强化劳动专业情感；同时也可阅读相关劳动教材、学术期刊文章以及相关研究报告等，丰富劳动理论知识。二是自主学习心理学相关知识。心理学知识是劳动教师研究学生的必需知识，其可自主阅读大量心理学相关书籍、观看相关教学视频、学习相关分析案例，并结合自身教学经验深入分析学生心理，掌握并实践心理学知识。三是自主研读《课标》，加强对学生劳动的关注。劳动教师通过研读《课标》并理解其内蕴，不断更新和优化自身教学理念，深刻把握劳动素养要求，提升对学生劳动表现的敏感度。四是自主学习其他学科的知识。劳动与众多学科紧密相连，劳动教师可以通过自主补充其他学科知识，并与本学科知识积极建立联系，系统整合各科知识融入劳动课程教学中，在充实跨学科知识的同时强化自身跨学科意识。五是主持或参与相关课题研究。劳动教师通过积极主持或参与劳动教育相关课题研究，加深对劳动教育的理解，锻炼自己的独立思考、深刻思维、创新构建的能力。劳动教师自主学习与研究是劳动学习共同体的建成根柱，各个劳动学习共同体的构成都离不开劳动教师的自主更新。

（二）校内研讨：劳动教师与学校其他教师构成“教研小组”型劳动学习共同体

劳动教育教研小组可尝试以劳动教师及学校其他教师为学习主体构建“教研小组”型劳动学习共同体。教研小组是劳动教师学习共同体中最为基础和起直接效用的日常群体，对劳动教师实践性知识丰富具有直接意义。学校通过组织多类型劳动教育教研小组，立足于本校实际协同开展劳动课程研讨工作。一是组织“劳动课程规划”教研小组，针对学校、学段、年级劳动课程整体方案进行

---

① 程玮：《学习共同体实践路径》，《中国成人教育》2010年第15期。

规划。“劳动课程规划”教研小组基于劳动教师对学生心理特征的把握及对学生劳动过程表现情况的了解，研讨出与学生需求契合度高的劳动课程内容，安排适宜的劳动课时，设计出合理的劳动项目等。二是组织“劳动周规划与实施”教研小组，基于学校劳动课程整体方案，针对劳动周活动的设计、组织、实施、管理进行研讨。“劳动周规划与实施”教研小组统筹并利用好社会、家庭和学校的现有资源，合理规划劳动周，充分发挥劳动教育的育人价值。三是组织“劳动—道法”教研协同小组，鼓励劳动教师同《道德与法治》课程教师沟通交流。劳动观念、良好的劳动习惯和品质、积极的劳动精神培育是劳动教育中重要的“德育”内容，“劳动—道法”教研协同小组的建立能够有效促进劳动教育与道德教育协同，借助《道德与法治》课程有效解决劳动教育中的德育问题。同时，也要通过不断强化劳动教师的道德理念与劳动观念，提升劳动教师的劳动育德能力，提高其对劳动的热爱程度。此外，学习共同体理论强调“学习是同客观世界的对话（文化性实践）、同他人的对话（社会性实践）、同自我的对话（反思性实践）三位一体的活动”①，要求劳动教师及学校其他教师除了注重主体合作研讨外，还应加强对劳动教研工作的反思。反思应聚焦每位参与教研的劳动教师，通过不断反思教研工作、反思劳动教学、反思自身劳动观念及态度，不断提升劳动教师的专业认同度，加强劳动专业情感，促进劳动教研工作持续优化。

（三）圈内提升：劳动教师与劳动教育专家构成“研修团队”型劳动学习共同体

劳动教师专题培训团队是以劳动教师与校外劳动教育专家为学习主体的“研修团队”型劳动学习共同体。这一共同体对劳动教师劳动理论素养提升具有重要意义。劳动教师专题培训是根据劳动教师的发展需求而开设的精准教师培训，有针对性地实现劳动教师理论知识与实践能力的提升。一是开展“综合劳动技能”专题教师培训。该培训以提升劳动教师的劳动技能为目的，以《课标》要求的劳动技能为培训内容，采取理论与实践相结合的形式对教师进行培训，帮助劳动教师充实劳动操作性知识且具备综合的劳动技能。二是开展“劳动安全”

① 〔日〕佐藤学：《学校的挑战：创建学习共同体》，钟启泉译，华东师范大学出版社，2010，第20~21页。

专题教师培训。该培训以强化劳动教师劳动安全意识、提升劳动事故处理能力为目的，以学校制定的劳动应急预案及基础的事故处理办法为培训内容，采取案例研讨、参与式学习等方式进行培训。三是开展“劳动课程评价”专题教师培训。该培训以提高劳动教师的劳动课程综合评价能力为目的，以平时表现评价及阶段综合评价为培训内容，强化教师及时评价、及时反思的意识，帮助教师实现专业成长。四是开展“劳动情境创设”专题教师培训。该培训应基于劳动教师对学生的真实生活情境的把握、对劳动文化的了解、对学校资源及社会资源的掌握，以提升劳动教师的劳动情境创设能力为目的，以情境学习理论[①]、《课标》劳动课程内容等为培训内容，采取合作学习、模拟教学等方式对其进行培训。五是开展“劳动跨学科主题学习”专题教师培训。教师培训是发展在职教师跨学科概念理解的重要途径。[②]“劳动跨学科主题学习”教师培训以增强劳动教师跨学科意识、训练劳动教师跨学科思维、提升劳动教师跨学科研究能力为目的，以跨学科概念、跨学科知识关联技巧等为培训内容，通过“理论学习+项目研修+实践探索”[③]的方式进行培训。在“研修团队”型劳动学习共同体中，劳动教师及时与劳动教育专家进行交流反馈，劳动教育专家在获悉劳动教师的各种疑难后及时调整培训方案，强抓重点优化培训内容，不断提高培训精准度，提升培训效果。

（四）破圈交流：劳动教师与家长及其他行业人员构成“学习社群”型劳动学习共同体

多行业学习社群是劳动教师、家长及其他行业人员交流学习的共同体。在各行各业高度交融的现代社会，劳动形态存在多样化，劳动教师与其他行业人员的沟通交流显得尤为必要，也是提升劳动教师行业实践知识的重要路径。劳动教师作为学校、家庭、社会间的特殊沟通者，是促进家校社协同育人的核心。因此，学校可构建多行业学习社群，供劳动教师深入了解各种劳动形态的劳动内容，增强与家庭、社会的沟通并提升家校社联动能力。建立多行业学习社群主要通过以下两种渠道：一是学校利用家长资源，邀请各行业家长作为第二导师参与劳动课

---

① 韩庆芳：《探源情境学习理论 提升情境创设能力》，《中学政治教学参考》2021年第1期。

② 高潇怡、孙慧芳：《小学科学教师的跨学科概念理解：水平、特征与建议》，《教师教育研究》2020年第6期。

③ 教师跨学科能力发展项目组、胡庆芳、朱远妃：《教师跨学科能力的理想、现实与实现》，《上海教育科研》2020年第2期。

程教学；二是学校主动与社会中各个优质企业合作建立劳动实践基地，聘请行业技术人员、管理人员、科研人员作为第二导师参与劳动课程教学。[①] 劳动教师作为第一导师应积极主动地与各行各业家长及优质企业成员进行破圈交流，了解新形态、新技术、新工艺等的现代劳动内容，体会不同职业环境下的劳动形态、劳动情境，促使劳动课程教学更贴近生活，更符合时代要求。此外，家长资源在劳动课程教学中有丰富性、亲情性、便利性等优势，这也是劳动教育实施的关键性资源，学校应有效利用家长资源。劳动教师应与家长增加沟通次数，其沟通可通过家长群、家长会、亲子劳动活动等多种形式进行。这可以帮助劳动教师深入了解学生在家中的劳动状况，关注到劳动教育是否得以延续，及时有效地调整家庭劳动育人模式，促进家校协作育人。

（编辑：党印）

New Requirements, Challenges and Responses to Labor Teachers in the "Compulsory Education Labor Curriculum Standard (2022 Edition)"

Tan Tianmei, Tong Yuxin

Abstract: The promulgation of "Compulsory Education Labor Curriculum Standard (2022 Edition)" makes "Labor Curriculum" independent from "Comprehensive Practical Activity Curriculum" and become an independent curriculum, which gives the mission of the new era of labor education. The new labor curriculum standard puts forward new requirements for labor teachers' labor literacy, labor curriculum implementation ability, and labor education research literacy in the new era. Based on the new requirements and field research, it is believed that labor teachers face new challenges such as enriching labor professional knowledge, improving

① 姜宇航：《劳动教育专任教师的关键能力及养成路径》，《江西师范大学学报》（哲学社会科学版）2021年第6期。

labor professional ability and changing labor professional emotion. According to the new challenges faced by labor teachers and the theory of learning community, it is believed that labor teachers should focus on autonomous learning and built the "labor teacher learning community superposition model" supported by the three types of learning communities of "teaching and research group" "research team" and "learning community". The purpose of these measures is to improve the ability of labor teachers and realize the ideal of a new era of "strong teachers in a great country".

Keywords: Labor Education; Labor Curriculum Standards; Labor Teachers; Teacher Professional Development; Learning Community

高校劳动教育课程建设的路径选择与教学实践

——来自山东工商学院的探索

陈玉明

【摘　　要】 劳动教育是中国特色社会主义教育制度的重要内容，是当前高校人才培养的重要工作内容。本文以山东工商学院的劳动教育课程建设为例，探讨了高校劳动教育课程建设需要解决的关键问题，以此为基础阐述了山东工商学院课程建设中的路径规划和实施过程，并分析了山东工商学院劳动教育理论课程的教学设计和教学效果。

【关 键 词】 高等院校；劳动教育；课程建设；山东工商学院

【作者简介】 陈玉明，南开大学人力资源管理博士，讲师，山东工商学院公共管理学院劳动关系教研室主任。

一　引言

劳动教育是中国特色社会主义教育制度的重要内容，关系培养什么人、如何培养人以及为谁培养人的根本问题。[①] 习近平总书记于 2018 年的全国教育大会上提出要“构建德智体美劳全面培养的教育体系”，来实现培养“全面发展的社

① 王丽荣、卢惠璋：《论新时代大学生劳动教育的价值意蕴》，《高教探索》2020 年第 7 期。

会主义建设者和接班人”的目标。① 我国政府随后出台了一系列建设新时期劳动教育的政策文件，主要包括2020年3月中共中央、国务院发布的《关于全面加强新时代大中小学劳动教育的意见》，同年7月教育部印发的《大中小学劳动教育指导纲要（试行）》（以下简称《纲要》），同年10月中共中央、国务院发布的《深化新时代教育评价改革总体方案》，等等。这些文件是当前劳动教育建设的指导纲领，是发展和完善高校社会主义教育制度的重要内容，也是保障未来人才培养方向和质量的重要基础。在这一背景下，建立符合新时期要求的劳动教育课程成为当前高校的工作要点之一。

当前高校劳动教育课程建设，不仅仅是劳动教育的回归，更需要它与新时期的时代特点相契合。但由于目前缺少可以借鉴的成熟模式，大多数高校的劳动教育课程建设均处于自主探索的阶段。本文通过阐述和分析山东工商学院（以下简称“山商”）在劳动教育课程建设中的思考与实践，以及根据自身特点选择的课程建设路径，希望能给其他高校的课程建设以借鉴和参考。该校的劳动教育课程建设始于2021年，随着中共中央、国务院和教育部在2020年发布的三项指导性文件以及2022年山东省文件的出台，山商在各级文件的指引下于2021年和2022年连续出台多份学校文件推动劳动教育理论课程和实践活动的建设（见表1）。

表1 劳动教育建设的各级指导文件

文件层级	文件标题
国家文件	中共中央、国务院：《关于全面加强新时代大中小学劳动教育的意见》
	教育部：《大中小学劳动教育指导纲要（试行）》（教材〔2020〕4号）
	中共中央、国务院：《深化新时代教育评价改革总体方案》
山东省文件	山东省教育厅：《加快推进新时代普通高等学校劳动教育行动指南》（鲁教高字〔2022〕3号）
山东工商学院文件	《山东工商学院全面加强大学生劳动教育实施方案》（院发〔2021〕1号）
	《山东工商学院深化新时代教育评价改革实施方案》（院发〔2021〕23号）
	《山东工商学院本科学生综合素质测评办法（试行）》（院发〔2022〕2号）
	《山东工商学院劳动教育清单实施办法》（院发〔2022〕94号）

① 《习近平在全国教育大会上强调 坚持中国特色社会主义教育发展道路 培养德智体美劳全面发展的社会主义建设者和接班人》，《人民日报》2018年9月11日。

二　高校劳动教育课程建设需要应对的关键问题

高校劳动教育的课程建设首先需要思考如何应对其中的关键问题，对这些问题的判断与应对会在一定程度上影响课程建设的路径，也是影响劳动教育课程实际效果的重要因素。这些关键性的问题主要有以下几个。

（一）劳动教育课程建设的时代要求

高校的劳动教育课程在新中国成立之后就已经开始设立，从1949年开始劳动教育就逐步进入我国的教育体系之中。它首先是以专业实习的形式出现在各类高等教育机构和中等技术学校中，并在随后扩展，进入了中学和小学之中。[①]

虽然劳动教育在新中国的教育体系中一直存在，但一方面，劳动教育在后续发展中出现了“在学校中被弱化、在家庭中被软化、在社会中被淡化”的情况[②]，在教育体系中有着被边缘化的趋势。王飞等的问卷调查发现，已开展劳动教育高校的比例不足20%，进行系统化劳动教育设计的高校仅占1.9%，劳动教育存在缺乏系统规划、劳动教育活动之间联系薄弱和劳动教育缺乏深度等方面的缺陷。[③] 另一方面，高校劳动教育也需要适应新时期的人才培养需要和当前社会环境变迁等时代特点，例如数字技术的发展使劳动形态和用工方式正在快速地发生转变等。因此，当前高校劳动教育课程的建设并不是简单的回归，它需要与新时期的时代特点有更深入的契合。

（二）劳动教育途径的选择与整合

教育部发布的《纲要》中列出了四种劳动教育的途径：独立开设劳动教育必修课，在学科专业中有机渗透劳动教育，在课外校外活动中安排劳动实践，在校园文化建设中强化劳动文化。同时，文件对劳动教育的实施途径的选择没有提出强制性的要求，这给各高校预留了独立探索的空间，在当前缺少成熟或通用的

---

① 李珂、曲霞：《1949年以来劳动教育在党的教育方针中的历史演变与省思》，《教育学报》2018年第5期。

② 《教育部 共青团中央 全国少工委关于加强中小学劳动教育的意见》，教育部网站，http：//www.moe.gov.cn/srcsite/A06/s3325/201507/t20150731_197068.html。

③ 王飞、车丽娜、孙宽宁：《我国高校劳动教育现状及反思》，《中国大学教学》2020年第9期。

参考模式的情况下，各高校可以根据自身的特点灵活地进行探索和建设，思考如何选择与整合这四种劳动教育途径，其中涉及的关键问题有以下几个。

第一，劳动教育必修课的开设方式和师资配备方式的选择。《纲要》中提出高校可以选择在已有课程中专设劳动教育模块，也可以专门开设劳动专题教育必修课。本文认为，开设劳动教育必修课有利于增强大学生的劳动观念和统合衔接其他各项劳动教育活动，尤其是以劳动专题必修课的形式进行开设；同时，与专设劳动教育模块的方式相比，劳动教育专题必修课会对师资配置的完备性和稳定性提出更高的要求。

第二，劳动教育途径之间的联系与衔接方式的设计。劳动教育的课程体系是一个有机的、相互促进的整体，各项劳动教育途径之间的衔接不仅包括劳动理论课程与实践课程之间的衔接，也包括各项劳动实践活动之间的衔接，这些途径的衔接是促进课程体系内部整合的关键。如何衔接这些活动，使其能够相互协同促进是在选择劳动教育途径之后需要应对的一个问题，即劳动教育途径的整合问题。

第三，劳动教育课程中理论教学与实践活动之间的平衡。在劳动教育途径的选择与整合中，要保证理论教学和实践活动之间保持合理的配比，避免出现课程的“窄化”和“泛化”问题。[①] 前者需要注意不能将高校劳动教育简单地等同于生产性的劳动实践或者单纯的体力劳动，忽视劳动实践的多样性；后者需要注意不能将文化知识的学习过多地纳入劳动教育，挤占或替代劳动实践活动的空间。

以上是在对文件解读和劳动教育课程建设的实践之后总结的、在劳动教育课程建设中需要应对的关键问题。同时，由于劳动教育形态在新时期已经发生了结构性的转变，单一途径的劳动教育难以实现劳动教育的要求，劳动教育需要转向整合性的发展。[②] 因而需要通过对劳动教育途径的选择、优化与整合，切实有效地应对这些关键问题，促进高校劳动教育课程的规范化建设，提高各种劳动教育途径之间的协同性，进而促进高校劳动教育整体效能的提升。

---

① 张应强：《新时代学校劳动教育的定性和定位》，《重庆高教研究》2020年第4期。

② 叶志明、陈方泉、杨辉：《我国高等教育中劳动教育的演变、内涵与进路》，《中国高等教育》2020年第Z3期。

（三）劳动教育课程建设中的多样性难题

本文将劳动教育课程建设中的多样性与劳动教育的途径相结合，绘制了劳动教育课程的结构示意图，展示了劳动教育课程的结构和内部多样性的特点（见图 1）。劳动教育课程中存在的多样性是课程建设需要面对和解决的重要问题，多样性的根源来自劳动教育的课程性质。劳动教育课程包括理论教学和劳动实践两个部分，多样化的特点在这两个部分中都有所体现，但又存在着差异。

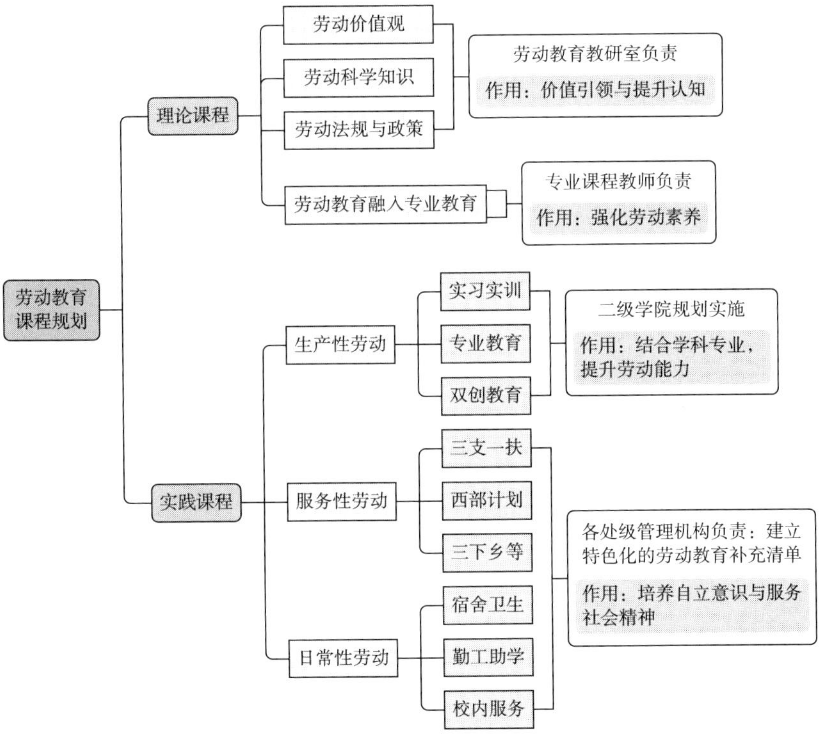

图 1　劳动教育课程的结构示意

劳动教育理论课程的多样性主要来自教学内容的丰富性。根据《纲要》的规定，理论学习的内容包括马克思主义劳动观、社会主义劳动关系、劳动的科学知识和劳动相关的法律、法规与政策等。理论课程的内容体系糅合了多个学科的内容，呈现出多样性的特点，但同时这些课程内容对高校各个专业学生又是通用的，在授课中具有一致性的要求。

劳动教育课程的实践活动的多样性来自两个方面：一是劳动教育实践形式的多样性，它包含了生产性劳动、日常性劳动和服务性劳动三种类型，并且每种类型的劳动又存在着多种实践形式；二是由专业差别导致的劳动实践的多样性，《纲要》中规定高校的劳动实践，尤其是其中的生产性实践需要“围绕创新创业，结合学科和专业积极开展”，在设置时要考虑其与各个专业的适配性，因而高校内部专业的多样性也成为劳动实践多样性的重要来源。

此外，劳动教育的理论课程和各项实践活动是由高校的多个部门分别进行负责的，这带来了参与人员的多样性和评价主体的多元性，增加了劳动教育课程设计和整体协调的难度。高校在劳动教育课程的建设中需要思考如何提高各部门分工协作的有效性，将各个部门和二级学院的力量进行整合，实现跨学科、跨院系和跨机构的协同合作。①

（四）劳动教育课程的有效性特征

在山商劳动教育课程的规划中，学校教师在经过多次讨论之后较为一致地认为，良好的劳动教育课程应该体现出思政性、知识性、实践性、融合性和全员性五个方面的特征，并且劳动教育的课程建设需要注意在这五项特征之间取得平衡（见图2）。

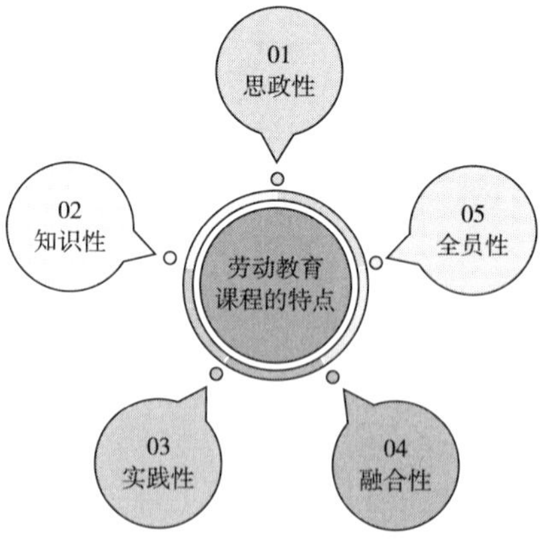

图2　山商劳动教育课程的有效特征

① 赵明霏、李珂：《高校加强新时代劳动教育需处理好几对关系》，《中国高等教育》2020年第9期。

首先，劳动教育的课程，尤其是理论课程部分需要兼具思政性和知识性。劳动教育理论课程的特殊性在于其既不是单纯的思政类型的课程，也不是纯粹的知识性的专业课程，而是二者的结合，“爱劳动、懂劳动和会劳动”的综合课程目标就是这一特点的内在体现。因而，劳动教育的理论课程中既包括劳动精神和劳动价值观等方面的思政内容，也包括劳动法律法规、劳动关系和保障等与劳动相关的专业知识，在课程设计和教师授课时需要确保这两部分的平衡与相互融入。

其次，劳动教育课程要实现理论教学和劳动实践之间的平衡。劳动教育课程的理论教学与劳动实践应当是一个相互促进的有机整体，劳动教育设置理论课程的目的在于提高大学生的思想水平和劳动认知水平，而其提高的效果最终是要通过学生的劳动实践行为来体现的，因而劳动教育的课程设计要体现实践性的特点，并确保理论课程和劳动实践之间的平衡。

最后，劳动教育课程的各个课程部分之间能够深入融合，即融合性。融合性表现为理论课程中的思政性与知识性的融合、理论课程与劳动实践的融合和各项劳动实践活动之间的融合，通过促进劳动教育课程各个部分的相互融合来从整体上提升大学生劳动教育的最终效果。并且由于劳动教育各环节中需要高校多个部门的积极参与，劳动教育课程也表现出了高校教师与职工全员参与的特点，即全员性，这与国家“三全育人”的课程建设要求相契合。

三　山商劳动教育课程建设的路径规划

本文根据山商劳动教育课程建设的探索，阐述了劳动教育课程建设中的劳动教育途径的选择与整合、整体的建设思路和对评估体系的思考，这些问题既是山商对劳动教育课程建设关键问题的思考，也体现了山商根据自身情况进行的路径选择。

（一）山商对劳动教育途径的选择与整合

与其他高校相同，山商首先面临着劳动教育途径的选择与整合的问题。学校根据政府的文件精神，在 2021 年初出台了《山东工商学院全面加强大学生劳动教育实施方案》，在文件中确定了劳动教育途径及实施方式与负责单位。山商劳动教育途径的衔接与任务分配如图 3 所示。

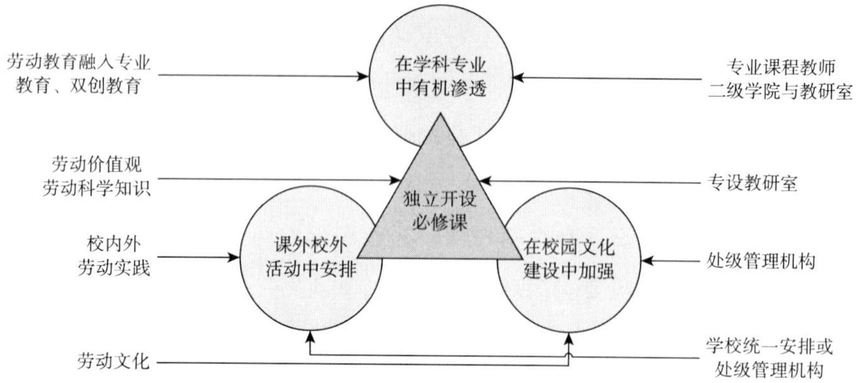

图3　山商劳动教育途径的衔接与任务分配

1. 劳动教育途径的选择与职责分工

结合劳动教育课程自身的特点，山商提出了“劳动教育日常化、规范化、多样化”的建设思路，山商的劳动教育途径选择和职责分工安排如下。

开设独立的劳动教育必修课程：山商选择独立开设而非依托现有课程模块的方式来开展劳动教育的必修课，课程中的理论部分依托学校的现有资源，由原劳动关系教研室负责理论课程的规划和教学工作，通过教师团队进行统一授课，部分学院可以在遵循整体授课计划的前提下安排自有教师。

劳动教育在专业课程中的渗透：劳动教育在学科专业课程中的渗透由二级学院负责规划，由各相关的专业课程教师负责执行，倡导和鼓励专业教师在其理论和实践课程中融入劳动教育课程的思政内容；同时，劳动实践的必修课程主要以与学科相关的生产性实践的形式出现，由二级学院结合专业要求灵活设计。

课程外的劳动教育实践：这部分的校内外劳动实践由各个处级管理部门在原有的劳动实践内容上进行改进，体现劳动教育实践的特点，负责的部门包括团委、学生工作部和后勤处等。

劳动文化节或者劳动月等劳动教育特色的校园文化建设：根据学校要求，由学生工作部负责举办，建设的方式不仅包括学生的劳动文化教育等活动，也包括教师的劳动教育集体备课会和劳动教育沙龙等方式。

2. 以劳动教育的理论必修课整合衔接各项劳动教育活动

劳动教育必修课是推进高校劳动教育的重要突破口。[①] 劳动教育的四种途径

① 曲霞、李珂：《高校劳动教育必修课程规范化建设探析》，《中国高教研究》2022年第6期。

中，独立开设的劳动教育必修课，尤其是其中的理论课程，是高校所有专业统一授课的固定课程，在授课内容上具有统一性，而其他的劳动教育途径则因为灵活多样的形式而容易表现出零散和碎片化的特点。因此，山商通过开设独立的劳动教育理论必修课来在四种途径中起到衔接和提纲挈领的作用，将其作为山商整合劳动教育各项活动的重要抓手。

山商在实施劳动教育课程之前，已经有了多项校园劳动实践活动。但之前的劳动实践活动存在着活动分散、缺乏系统整合和劳动精神思政引领的问题，造成各项劳动实践活动难以起到协同育人的问题。之前的劳动实践中部分学生对于劳动实践，尤其是服务性的劳动实践缺乏足够的兴趣和意愿，甚至有的学生认为不如节省时间来学习。而劳动教育理论课程不仅能起到引导学生价值理念和提高学生劳动认知的作用，也成为衔接和统合其他劳动教育途径的桥梁，提高了劳动教育课程体系的系统性与内部整合程度。

（二）山商劳动教育课程体系建设的整体思路

在确定了劳动教育的途径之后，山商结合自身的教学资源和劳动教育课程的特点，对劳动教育的理论课程和实践课程的内在差异进行了区分，并通过分类规划的方式展开了课程规划的思路（见图4）。

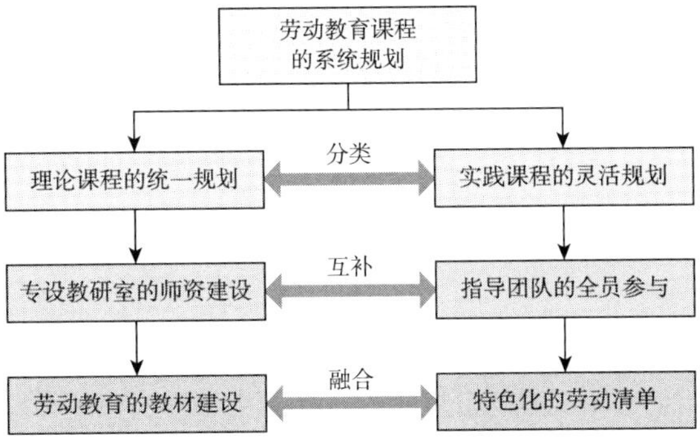

图4　山商劳动教育课程规划的整体思路

第一，在课程体系的设计方面，鉴于劳动教育理论课程与实践课程存在的较大差异，对二者进行分类规划。山商的分类规划原则既与劳动教育理论课程和实践活动的内在差异有关，也与学校课程建设的现有资源分布情况有关。理论课程的特点适合采用统一教学规划与管理，并且山商的现有教学资源也支持这一方式，实践课程的特点则适用于各二级学院和处级管理机构进行灵活的分工与管理，这与国内学者提出的统一性和多样性的原则较为接近。①

第二，根据劳动教育课程的内容与特点进行对应的教师团队配备。课程性质与分类规划的方式是后续师资建设的依据，山商劳动教育的师资规划方式是，理论课程根据教学内容的要求配备师资，设置专门负责的教研室，并形成较为稳定的教师团队；各项劳动实践活动由于涉及多个学院和处级部门，可以根据劳动实践的类型灵活配备来自多个部门的劳动实践指导团队。本文这里提出的课程建设逻辑是根据学校特点和新时期劳动教育课程建设的要求来进行师资的配备，由于山商在课程建设初期已经具备了一定的师资基础，可以较为顺利地遵循这一思路进行建设。但其他高校可能会受限于现有的师资情况，难以完全按照这一逻辑进行课程的建设，建议这些高校通过渐进的方式逐步完善师资的配备，在此基础上逐步实现劳动教育课程的优化，此时课程与师资之间呈现出共同发展的关系。

第三，根据劳动教育课程建设的经验撰写特色化的教学材料。这些教学材料可以包括理论课程的教材、教案与教学案例和劳动实践活动的劳动教育清单等内容，山商通过结合自身的劳动教育课程教学特点和劳动实践特色活动来实现劳动教育课程的特色化建设。

（三）对构建系统性的劳动教育课程评估体系的思考

构建系统性的评估体系是劳动教育课程建设的关键内容。《纲要》中提出，要“以劳动教育目标、内容要求为依据，将过程性评价和结果性评价结合起来”。从目前各高校劳动教育课程建设的情况来看，这是课程建设中的一个关键难点。

国内的研究认为目前的劳动教育大多处在各项环节缺乏联系的“点”的层面，尚未贯穿高校人才培养的全过程，发展到劳动教育的“面”的层次，需要建成纵向贯通、横向联动的劳动教育统筹协调推进机制。② 这一情况在劳动教育的评估体系中同样存在：从横向上看，劳动教育的理论授课和劳动实践涉及多个

① 刘向兵、党印：《高校劳动教育实施推进的多元与统一——基于80所高校劳动教育实施方案的文本分析》，《中国高教研究》2022年第5期。

② 赵明霏、李珂：《高校加强新时代劳动教育需处理好几对关系》，《中国高等教育》2020年第9期。

学院和处级管理机构，需要不同的主体对学生的劳动教育情况进行评价；从纵向上看，劳动教育体系的良好运行需要校级、处级和基层三个层级的有效分工和协作。系统化的高校劳动教育课程评估体系建设可以通过以下三个阶段的建设来逐步实现。

阶段 1：各环节评估指标的优化。

劳动教育的教学环节与实践环节应根据自身的教学和实践特点，设置和优化评估的指标和标准，即全员参与评估。在系统性评估体系建立之前，先优化和完善各个环节的评估。

阶段 2：建立全过程的评估。

在各环节评价标准建立和优化之后，将基于不同的劳动教育环节，对由不同主体负责评估的各项指标进行整合，确保评估指标之间具有内在的联系，并且确保评估主体之间的评价具有一致性和有效性，实现对大学生参与的劳动教育全部环节的全过程评估。

阶段 3：建立全方位的评估。

针对高校劳动教育中纵向的多层级管理体系和横向的各个部门设置评估的指标和标准，通过评估确认体系中各个负责机构劳动教育任务的完成情况，并探查劳动教育管理体系中的薄弱环节和限制性因素，进而予以改进。

目前山商和其他许多高校一样仍然处于前期的探索阶段，正处于由“点”向“面”的发展过程中，主要还是劳动教育各个环节的点的评价上，需要在后续的发展中构建贯穿劳动教育全过程和多个管理层级的系统性的评估体系。

四　山商劳动教育课程建设的实施过程

山商根据提出的劳动教育课程规划的思路，进行劳动教育各个环节的课程建设。

（一）山商劳动教育必修课程的内容规划

在山商的劳动教育课程中，理论必修课为 16 学时，教师团队根据劳动教育“爱劳动”和“懂劳动”的教学目标和文件的相关要求将课程设置为 8 个主题的课程（见表 2）。通过这些课程的讲解使大学生理解劳动的意义，知晓现实的劳动情况及其变化趋势，提高其在未来劳动环境中的适应性和可雇佣性，有利于形成高水平的高校人才培养体系。

表2　山商劳动教育理论课程的课程主题与教学目标

课程主题	教学目标
第一讲　大学生劳动教育概论	对学生进行马克思主义劳动观的引领，引导学生“爱劳动”
第二讲　马克思主义劳动观	
第三讲　劳动与经济	提升劳动认知，实现“懂劳动”的目标；让学生了解劳动的法律、法规和政策，了解中国特色的和谐劳动关系
第四讲　劳动关系与劳动法	
第五讲　劳动的社会保障	
第六讲　劳动的心理过程	提升劳动认知，实现“懂劳动”的目标；讲授基本的劳动科学知识；提高大学生未来对劳动环境的适应性
第七讲　劳动的组织管理	
第八讲　未来的劳动趋势	提升劳动认知，实现“懂劳动”的目标；了解未来的技术发展与劳动的新形态，如平台用工

同时，教师团队在课程规划时认为，前两讲的思政性内容和后六讲的劳动知识部分在授课时应注意相互融入，前两讲在对大学生进行价值引导时可以将劳动知识作为辅助和支撑，后六讲在进行劳动知识的讲授时应以劳动者的视角进行讲授，并且注意讲解劳动知识与马克思主义劳动价值观的内在联系。

山商在劳动实践规划中，首先体现了生产性实践专业化的特点，即劳动教育的实践必修课需要与专业结合，将二级学院作为规划的主体。劳动教育实践必修课设置为32学时，包含实习实训、专业服务、创新创业活动等，要求各二级学院“围绕创新创业，结合学科专业”分头实施。同时，山商劳动教育实践将服务性劳动与社会需求日益增加的志愿服务相结合，学生的校外实践可以选择通过国内主要的志愿服务网上平台进行注册，在实践指导老师的监督与指导下，选择和参加志愿服务活动，积极利用校外的实践资源来提升学生实践活动的丰富性，并通过志愿服务对学生的奉献精神进行引导和提升。

（二）山商劳动教育课程的师资配备方式

教师对劳动教育的效果有着直接的决定作用，但师资建设是一个需要长期完善的工作。目前不少高校在劳动教育课程建设中面临的问题在于师资配备的限制，对劳动教育课程的深入发展造成了影响。

在劳动教育理论课程的师资配备上，山商充分利用校内的现有资源，由现有的劳动关系教研室承接学校劳动教育理论课程的规划与大部分学院的授课工作。教研室内的教师的专业方向包括劳动经济、劳动关系、劳动与社会保障、劳动法学、劳动心理学与劳动的组织管理等，教师的学科结构与劳动教育理论课程的要求具有良好的适配性，但在思政性内容上略显薄弱，计划通过教师的思政培训与学习、引入思政教师等方式进行强化。

在劳动教育实践活动的指导人员的配备上，山商根据实践的类型灵活地进行安排。专业性的劳动实践活动由二级学院的课程教师负责，其他类型的劳动实践活动根据举办活动的负责部门，由二级学院的辅导员和各部门的相关负责人员来担任实践导师，同时学校的劳动实践活动根据活动的要求配备校外导师。

（三）山商特色化的教材与劳动教育清单的编制

随着教师团队对劳动教育理论课程掌握的深入和各个处级管理部门对劳动教育实践管理经验的积累，山商已经开始规划编写特色化的教材和制定劳动教育清单来完善课程体系。

对劳动教育教材建设已经进入规划阶段，根据学校的特点和教学的经验确定了教材编写的要求。第一，在内容上，价值引领与劳动科学知识并重，并且二者能够相互融入。第二，在知识深度上，对专业性劳动科学知识的撰写要做到深入浅出，便于大多数老师授课与学生自我阅读。第三，在形式上，综合使用多种形式的辅助阅读材料，如案例和视频等，增加阅读的趣味性。第四，提高实用性，不仅要以劳动者的视角来编写教材的内容，同时要确保教材内容与大学生未来的实际劳动需要密切相关。

劳动教育清单是山商对各项劳动教育实践活动整合和规范化管理形成的文件。山商的劳动教育清单于 2021 年完成了初步的整理，并制定出了各项实践活动对学生的考核标准。随着 2022 年《山东工商学院劳动教育清单实施办法》的出台，劳动教育清单制度进一步地向着特色化和结构规范化的方向发展。特色化是指在劳动教育清单中优先培育和发展能与学校发展特色相结合的、具有创新创业特点的劳动实践，结构规范化是指在清单中三种劳动实践类型以及各种劳动的实践形式保持适当的配比，避免出现结构失衡的问题。

五　山商劳动教育课程的教学设计与教学效果分析

山商劳动教育课程建设的整体思路是根据课程的特点将理论部分和实践活动进行分类建设，并确保二者之间能够形成协同促进的关系。但在实际的建设过程中两部分的发展是存在差别的，原因在于理论教学中山商现有的师资资源较为完备，并且可以实施统一的教学管理，而劳动实践需要进行多个部门之间的协调，并且各部门内部的实践资源和评价标准均存在着差异，在课程建设的整合难度上要高于前者。因此，本文在这一部分主要对劳动教育建设发展相对更为充分的理论教学部分进行介绍和分析，阐述山商劳动教育理论课程的教学设计与教学思考，并通过教学效果的实证分析来验证教学效果。

（一）山商劳动教育课程的教学设计

1. 山商劳动教育理论课程的授课方式

为了有效地完成劳动教育的授课工作，劳动教育教研室主要采取以下两点来促进教学效果的提升。

第一，团队授课与数字化辅助教学相结合。由于劳动教育的理论课程涉及多个学科的基础劳动知识，为了提升教学效果，教研室将教师分为多个教学团队，在课程安排中由每位教师负责自身擅长的专题，通过扬长互补的方式提升授课效果。由此面临的问题是如何确保教师之间的授课能够有效地衔接，避免各自为战，并且能够根据学生的专业与水平对课程进行微调。为了应对这一问题，山商的教师团队要求在授课前要统一备课，集体制作教案、教学大纲等课程材料，保证教师团队之间在授课内容、课程的测试内容与考核标准等方面具有一致性。同时，为了提高教学和课堂管理的效率，教学团队统一使用数字化的辅助教学工具，如云班课和雨课堂，实现教学中线上与线下的全过程协同管理。

第二，通过对问题的思考与讨论激发学生兴趣。目前不少大学生对劳动教育课程缺少足够的了解和兴趣，需要通过有效的教学方法快速地激发他们的学习兴趣。教师团队主要通过线上讨论与视频资料等方式为学生展示较为复杂的、与劳动相关的社会现象来激发学生的兴趣和对课程的思考。例如，在劳动经济的课程中会提出“为什么‘就业难’和‘用工荒’会同时出现”，在劳动的未来趋势中提出“机器人产业和人工智能的发展对未来劳动者就业的影响”等与劳动知识紧密相关的议题，以及“996 的工作方式是福报吗”和“收入和工作条件差别这么大，为什么说劳动不分高低贵贱”等与学生劳动观念密切相关的问题。

2. 劳动教育理论课程的授课思考

教研室经过多次授课后讨论认为，在劳动教育理论课程的授课中需要注意以下两点。

第一，注意以劳动者的视角进行课程知识的传授。劳动教育理论课程包含了多个劳动学科的知识，如管理学、组织行为学和劳动经济学等。需要注意的是，这些学科并不都是从劳动者的角度进行组织的，如管理学主要是从管理者的视角，以组织的效率为学科的中心目标，经济学强调的是市场的效率，组织行为学探讨的是对组织中员工行为的干预等。因而，劳动教育的授课需要进行视角的转换，以劳动者的视角对这些知识进行讲授和分析，否则将偏离课程设置的本意。

第二，注意将课程中的价值引导部分和劳动知识与政策的内容进行有机地融合，尤其是价值引导向劳动知识政策的融合。劳动教育的课程内容是有机的整体，它具有内在的联系而非泾渭分明的无关模块。政府出台的与劳动相关的政策和法律法规是在社会主义价值理念的引导下结合中国目前的国情制定的，本身就存在着内在的联系。因而，在劳动教育的授课中应当注意将两个部分的内容进行适当的融合，不能变成单纯的知识传授或是缺少知识支撑的价值观念引导。

（二）山商劳动教育理论课程的教学效果分析

为了了解劳动教育课程的效果，并分析劳动教育课程管理的情况及其对大学生劳动实践的促进机制，本文根据劳动教育课程的教学特点和实施情况设计了研究模型，而后在对学生进行重点访谈的基础上设计了有针对性的调查问卷。

1. 变量设置与问卷设计

在调查问卷的设计中，首先，根据劳动教育的“爱劳动”和“懂劳动”的教学目标，将最终的教学效果具体化为对大学生的劳动认知和劳动实践两个方面的促进，即认知促进和行为促进两个变量，前者包括课程认知、价值引领和劳动知识三个方面，后者包括意义体会、适应能力和劳动意愿三个方面，此外还设置了课程满意度作为衡量授课效果的辅助变量。其次，针对山商的劳动教育课程的特点，设置了课程管理和授课效能两个变量作为教学的评价指标，其中课程管理包括劳动教育课程的授课方式、课程结构、课时分配和线上管理四个方面，授课效能针对教师在授课过程中的师生互动、授课能力和积极负责的授课态度设置了题项。

2. 研究假设与研究模型

本文建立了探讨劳动教育课程的教学效果促进机制研究模型，模型如图5所示。

图5　劳动教育教学效果的促进机制研究模型

（1）劳动教育的课程管理与授课效能对教学效果影响的假设

有效的课程管理和教师在授课中的实际表现即授课效能，是提高劳动教育课程教学效果的重要促进因素，因而提出假设1和假设2。

假设1：课程管理能够显著地促进劳动教育教学效果的提高。

假设1a：课程管理对学生劳动教育认知具有显著的正向促进作用。

假设1b：课程管理对学生劳动实践行为具有显著的正向促进作用。

假设2：授课效能能够显著地促进劳动教育教学效果的提高。

假设2a：授课效能对学生劳动教育认知具有显著的正向促进作用。

假设2b：授课效能对学生劳动实践行为具有显著的正向促进作用。

（2）学生课程满意度的中介机制假设

同时，在内部的中介机制上，课程管理和教师的授课效能能够提高大学生对劳动教育课程的整体满意度，使大学生能够更加深入地理解课程的意义，并提高劳动实践的意愿，因而提出假设3和假设4。

假设3：课程满意度在课程管理与教学效果之间起到中介作用。

假设3a：课程满意度在课程管理与认知促进之间起到中介作用。

假设3b：课程满意度在课程管理与行为促进之间起到中介作用。

假设4：课程满意度在授课效能与教学效果之间起到中介作用。

假设4a：课程满意度在授课效能与认知促进之间起到中介作用。

假设4b：课程满意度在授课效能与行为促进之间起到中介作用。

3. 劳动教育课程授课效果的多元统计分析

在调查问卷设计完成后，对 18 个专业 1365 名学生进行了问卷调查，并根据问卷调查的情况进行了描述性统计分析和研究假设的验证。

（1）劳动教育课程的整体授课情况分析

从表 3 中的教学情况调查可以发现，第一，在课程管理的各项指标中课程结构得分偏低，意味着课程的衔接存在不足，这主要是由劳动教育课程是团队授课，并且课程各章节的内容存在一定的差异造成的。第二，教师的授课效能分值较高，但其中仍需要加强课程中的师生互动的频率和效果。第三，在课程的教学效果中，认知促进和行为促进的各个方面表现较为均衡，而课程的满意度仍然有一定的提升空间。

通过整体情况的分析，发现了山商劳动教育课程中的薄弱环节，为今后课程的改进提供了参考。

表 3　教学过程与教学效果的满意度感知

指标	均值	标准差	满意度（%）	指标	均值	标准差	满意度（%）
课程管理	4.47	0.620	89.42	授课效能	4.50	0.591	89.98
授课方式	4.47	0.663	89.40	师生互动	4.48	0.636	89.60
课程结构	4.45	0.676	89.00	授课能力	4.50	0.619	90.00
时间分配	4.48	0.635	89.60	积极负责	4.51	0.605	90.20
线上管理	4.48	0.664	89.60	课程满意度	4.36	0.623	87.20
认知促进	4.47	0.628	89.45	行为促进	4.51	0.613	90.10
课程认知	4.47	0.658	89.40	意义体会	4.51	0.638	90.20
价值引领	4.48	0.648	89.60	适应能力	4.50	0.633	90.00
劳动知识	4.47	0.647	89.40	劳动意愿	4.51	0.629	90.20

（2）信效度检验与回归分析

在进行回归分析验证研究假设之前，本文对相关变量进行了信度和效度分析。由表 4 可知，课程管理、授课效能和教学效果的信度指标都在 0.9 以上，各个变量均具有良好的信度。同时，因子分析的 KMO 的值均大于 0.7，可以通过因子分析来验证效度，因子分析的结果显示除了课程管理中的线上管理外，各个变量的因子载荷均大于 0.5，具有较好的效度。

表4 信度分析表

变量	Cronbachα 系数
课程管理	0.956
授课效能	0.950
教学效果	0.979
认知促进	0.963
行为促进	0.966

劳动教育理论课程的开展既需要前期严密的课程管理，也需要教师具有专业的素养和授课过程中积极负责的态度，以及与学生进行良好的课堂互动来实现。表5和表6对研究模型的研究假设进行了检验。

表5 对认知促进的中介机制分析

	模型1		模型2		模型3	
	认知促进	Sig	教学满意度	Sig	认知促进	Sig
课程管理	0.395	0.000	0.377	0.000	0.374	0.000
授课效能	0.527	0.000	0.182	0.006	0.517	0.000
教学满意度					0.056	0.000
R^2	0.825		0.305		0.827	
F	2137.056		198.827		1626.192	

表6 对行为促进的中介机制分析

	模型4		模型5		模型6	
	行为效果	Sig	教学满意度	Sig	行为促进	Sig
课程管理	0.329	0.000	0.377	0.000	0.305	0.000
授课效能	0.585	0.000	0.182	0.006	0.573	0.000
教学满意度					0.064	0.000
R^2	0.812		0.305		0.814	
F	1952.852		198.827		1491.338	

表5和表6中的数据分析结果表明，课程管理和授课效能能够显著地提高大学生劳动教育课程的效果，提高大学生对劳动教育的认知水平，并促进其劳动实

践行为的提升，而教学满意度在这一过程中起到了部分中介的作用，即通过有效的课程管理和教师授课效能提升大学生对劳动教育课程的满意度，进而促进其认知水平和劳动行为的发展。

（3）数据分析结果的启示

从前面的数据分析得出的结果中能够获得以下几个方面的启示。

第一，回归分析的结果验证了本文提出的四个假设，即有效的课程管理和教师的授课效能对提高劳动教育的课程效果具有显著的促进作用，并且该作用可以通过提高大学生的课程满意度这一中介机制来实现。

第二，满意度调查中显示了团队教学中潜藏的问题。表3的教学情况调查显示，课程管理中存在衔接不足的问题，授课效能中的师生互动需要改善，这间接说明了使用团队分工授课产生的潜在问题，不同的教师授课使学生需要重新适应新的老师，并且较低的熟识度影响了师生之间的互动效果。但这并不意味着使用团队授课是不合适的，而是说明这是未来的教学实践中需要优先解决的问题。

第三，授课效果调查中存在的不足。从研究的结果来看，相关的研究假设都得到了验证，已经在一定程度上探索出了影响劳动教育课程授课效果的内在机制，但从结果上看中介机制的路径系数偏小，且属于部分中介，说明还有其他的中介机制有待发现。同时，研究模型中缺少对学生特点和授课环境等因素的调节作用的分析。这两点需要在后续的教研中进行进一步的探索和完善。

此外，需要说明的是，实证调查是针对劳动教育理论授课环节进行的授课效果分析和授课机制验证，因而对教学效果的验证还处于教学环节，对大学生劳动行为的测量主要是针对其劳动实践的意愿和心态，而非具体的劳动实践行为。存在这一不足的原因如前所述，在于目前对劳动教育的评价尚处于各个环节内部评价的阶段，还没有打通各个环节实现全过程的总体评价。并且由于劳动教育的理论课程和实践活动分属于多个部门，整体性评价较为困难。

六　结语

新时期的高校劳动教育是一个新事物，各个高校实际上都处于探索之中。目前山商劳动教育课程体系实现了初步的建立和完善，积累了一些经验与思考，并正在逐步地建立和发展自身的课程特色，但目前整体上仍然处于前期的探索之中。本文提出了一些高校劳动教育课程建设中可能会遇到的重要问题，而后提出了山商在这一建设过程中的思考与实践，希望山商结合自身特点所进行的探索能为其他高校及高校中的劳动教育教师带来参考和借鉴。

（编辑：胡玉玲）

Path Selection and Teaching Practice of Labor Education in Colleges and Universities: The Exploration from Shandong Technology and Business University

Chen Yuming

Abstract: Labor Education is an important part of the socialist educational system with Chinese characteristics, and an important component of the current universities talent cultivation. This paper takes the labor education curriculum construction of Shandong Technology and Business University as an example, explores the key problems in the curriculum construction of labor education, expounds the path planning and the implementation process of Shandong Technology and Business University, and analyzes the teaching design and teaching effect of the theory course of labor education.

Keywords: Colleges and Universities; Labor Education; Curriculum Construction; Shandong Technology and Business University

高校将劳动教育融入专业课程教育的常见误区及改革路径*

——以“职业安全与卫生”课程为例

杨鑫刚

【摘　　要】劳动教育是人才培养的重要内容和方式，将劳动教育融入专业课程教育具有重要的现实意义。本文以劳动教育的概念和目标为出发点，分析目前劳动教育融入专业课程教育的一些误区，包括把专业课程学习中的“校园”劳动等同于劳动教育，把职业技能学习等同于劳动教育，把第二课堂学习形式等同于劳动教育。在此基础上，以“职业安全与卫生”课程为例，从端正思想认识、融合培养目标、找寻劳育元素、评价课程效果四方面给出了将劳动教育融入专业课程教育的对策。

【关 键 词】高校；劳动教育；专业课程教育

【作者简介】杨鑫刚，中国劳动关系学院劳动教育学院（劳动教育研究院）讲师，主要研究领域为劳动教育、劳动安全。

一　引言

2020 年 3 月，中共中央、国务院颁布了《关于全面加强新时代大中小学劳动教育的意见》（以下简称《意见》）；同年 7 月，教育部颁布了《大中小学劳

*　本文系中国劳动关系学院 2022 年校级教育教学改革项目（JG22050）研究成果。

动教育指导纲要（试行）》（以下简称《指导纲要》）。《指导纲要》明确指出，“普通高等学校要将劳动教育有机纳入专业教育”，“专业类课程要注重分析相关劳动形态发展趋势，强化劳动品质培养”。劳动教育是德、智、体、美四育的中介环节[①]，我们既要认识到学校的劳动教育环节上的“劳动”与社会上劳动的区别，又要深刻把握劳动教育的价值观塑造作用。大学作为专业人才的重要培养基地，将劳动教育融入专业课程教育，对于各行各业“合格劳动者”人才培养目标的实现具有重要意义。

近年来，学界就劳动教育融入专业课程教育做了深入研究，也取得了一些积极成果。王芳从落实教育政策需要、学生劳动素养有待提高、较高劳动素养专业技能型人才培养的需要三方面分析了劳动教育融入专业课程教育的必要性，在阐述劳动教育与专业课程融合的指导思想基础上，从培养目标、课程实施两方面分析了劳动教育与“药品经营质量管理实务”课程的融合途径。[②] 苏学军等以课程“制药单元操作”为例，从学生劳动意识薄弱、劳育形式单一、劳动实践平台匮乏、劳育评价机制欠缺、教师劳育能力不强五方面分析了劳动教育融入高校专业课程教育的困境，指出可从劳动元素的挖掘、教学方法、实践模式、师资队伍、评价体系五个方面推动专业教育与劳动教育的自然融合，助推全人教育理念的实现。[③] 李立辉从新时代应用型本科高校人才培养目标、模式、理念三方面的需要分析了劳动教育与专业课程教育融合的必要性，从马克思主义劳动观奠定的理论基础、中国特色劳动教育发展奠定的实践基础、中国经济发展奠定的现实基础三方面分析了劳动教育与专业课程教育融合的可能性，从劳动科学基础、制度建设保障、劳动元素基调、社会实践载体四方面分析了劳动教育与专业课程教育融合的可行性。[④] 邓康等从思想上轻视、课程上弱化、师资匮乏三方面分析了劳动教育与专业课程教育融合的现实困境，从专业课程教学要营造劳动教育的氛围、优化课程劳育人才培养方案、搭建专劳协作培养平台、打造专劳融合师资队伍四方

---

① 檀传宝：《劳动教育的中介地位初议》，《教育研究》1992年第9期。

② 王芳：《劳动教育融入高职院校专业课程的路径探究——以〈药品经营质量管理实务〉为例》，《现代商贸工业》2021年第15期。

③ 苏学军、宗春燕、马永刚：《劳动教育融入高职院校专业课程的困境及对策研究——以“制药单元操作”为例》，《安徽化工》2022年第3期。

④ 李立辉：《建设应用型本科背景下劳动教育与专业教育融合的逻辑机理与实践》，《创新与创业教育》2022年第2期。

面给出了劳动教育与专业教育深度融合的实施路径。① 这些研究成果对我们如何更好地将劳动教育融入专业课程教育提供了启发和思路，但是，不少高校在具体实施过程中还存在一些误区，譬如把劳动等同于劳动教育，把课程的实习、实践等同于劳动教育等。本文以劳动教育的概念和使命为出发点，分析目前劳动教育融入专业课程教育的一些误区，并以“职业安全与卫生”课程为例，给出将劳动教育融入专业课程教育的对策，继而更好地为大学“合格劳动者”——应用型、复合型、创新型人才培养目标服务。

二 劳动教育的相关概念及目标

《意见》指出，劳动教育是中国特色社会主义教育制度的重要内容，直接决定社会主义建设者和接班人的劳动精神面貌、劳动价值取向和劳动技能水平。《指导纲要》指出，劳动教育是全面贯彻党的教育方针的基本要求，是实施素质教育的重要内容，是培育和践行社会主义核心价值观的有效途径。

促进学生形成正确的劳动价值观、培育劳动者养成劳动素养是劳动教育的主要目的。② 其中，劳动价值观主要是指“人们对于劳动价值的主观认识”，包括确立正确的劳动观点、积极的劳动态度、热爱劳动和劳动人民等方面，劳动素养包括有一定的劳动知识与技能、形成良好的劳动习惯等方面。

劳动价值观可以从唯物史观、政治经济学、教育学原理三个维度来进行解释。第一，从唯物史观的角度，劳动创造了世界、历史和人本身。第二，从政治经济学的角度，劳动是商品价值的唯一源泉，按劳分配是实现社会正义的重要原则。第三，从教育学原理的角度，劳动形成了人的本质、实现了人的全面发展，教育与生产劳动相结合是社会主义教育的根本原则。

劳动素养是指人在生活和成长过程中形成的与劳动有关的人的修养。劳动素养是后天养成的人格品质，包括劳动价值观、劳动知识与能力等维度。一个具有良好劳动素养的劳动者，一方面具有正确的劳动价值观，对劳动和劳动者有积极

---

① 邓康、何秀玲：《高职院校环境评价与咨询服务专业劳动教育融入专业教育的困境与实施路径探究》，《湖北开放职业学院学报》2022 年第 8 期。

② 檀传宝：《劳动教育的概念理解——如何认识劳动教育概念的基本内涵与基本特征》，《中国教育学刊》2019 年第 2 期。

的认识；另一方面具有扎实的劳动理论知识基础、娴熟的劳动技巧与能力、良好的劳动习惯。广义的劳动素养包含劳动价值观。

因此，本文认为劳动教育的目标是，在劳动价值观方面，一方面，让学生确立正确的劳动观点，形成积极的劳动态度，主动劳动，促使学生形成“靠自己辛勤劳动、诚实劳动、创造性劳动解决生产生活中的一切问题”的思想，坚决抵制不劳而获、投机取巧等错误观念；另一方面，让学生形成尊重劳动、热爱劳动、热爱劳动人民的价值态度，形成“所有的劳动和劳动者都应该受到尊重”的思想，在实际生活中深刻体会“所有的劳动只不过是形式的不同，他们在某种程度上都是人类物质财富或精神财富的一部分”的道理。在劳动素养方面，一方面，帮助学生学习更多的劳动知识与技能，锻炼更多的劳动本领，形成“劳动本领的获得是个人全面发展基础”的思想，并不断挖掘自己的劳动潜能，始终保持自己对劳动的浓厚兴趣；另一方面，培养学生养成良好的劳动习惯，牢固树立“自己对未来生活的美好向往要靠劳动去实现”的思想，靠劳动去社会上立足，靠劳动获得自己的尊严。

三　目前劳动教育融入专业课程教育的误区

（一）把专业课程学习中的“校园”劳动等同于劳动教育

在劳动教育中，劳动是载体，目的在于培养劳动价值观和劳动素养。更准确地说，专业课程学习中的“校园”劳动不是为了劳动，而是为了通过劳动对学生进行心性教育。[①] 在专业课程教育过程中，避免不了要做些课程的准备、收尾等工作，譬如实验装备或试剂的领取、实训场所卫生的打扫、课后教学场地的恢复等“校园”劳动工作。这些劳动有一定的教育效果，但是把这些劳动等同于劳动教育是片面的。如果失去了“教育”，学生参加了劳动也不一定能受到正向教育，甚至可能导致反教育，认为自己只是帮老师干活的“劳力”。必须让学生明白，这些“校园”劳动是很有必要的，是专业课程学习的有机组成部分，就像建筑师的图纸与企业开张后的试运行一样，是重要的准备与收尾工作。真正的劳动教育是需要外化于行、内化于心，注重学生价值引领，强化学生的情感体

① 本报评论员：《加强劳动教育须避免三大误区》，《中国教师报》2020年5月6日。

验，让学生在劳动中体会“劳动崇高、创造伟大”的道理，去领略劳动之美、品味劳动之趣。[①] “校园”劳动要想真正变为劳动教育，必须让“劳动”具有“教育性”，其实就是要让一般意义上的“校园”劳动与德、智、体、美诸素养的培育建立起自觉、自然、有机的关联。[②]

（二）把专业课程学习中的职业技能学习等同于劳动教育

劳动教育的目的之一在于劳动素养的培养，劳动素养又包括劳动知识、技能等职业能力的获得。学生专业能力的培养本身就是专业课程教育的目的之一，一些教育者认为，只要学生掌握了专业职业能力，就掌握了未来成为劳动者的生存技能，这就是劳动教育的目的。若是仅仅注重学生专业职业技能的培养，而缺乏对于劳动材料的节省使用、对劳动价值的切身体认，以及对于劳动者尊重等劳动价值观念的教育，那么劳动教育的本质便不复存在。[③] 片面认为专业课程学习中的劳动教育就是为掌握未来生存的技能的，而忽视劳动价值观、劳动情感、劳动精神等方面的培养，使劳动教育降格为劳动技能的训练活动，将极大弱化劳动教育的功能与价值。[④] 事实上，在专业课程的学习过程中，若是缺乏育人目标的实现，学生的专业职业技能学习就会仅仅成为就业的一种手段，不能在今后的工作岗位上真正践行“热爱劳动”的理念，他们很有可能在体会到“劳动”的艰辛后而绝不做辛苦的劳动者，真正进入工作岗位后拼命做“不劳而获”者，甚至会看不起普通劳动者，这也是当下一些学生劳动价值观扭曲的重要原因之一。

（三）把专业课程学习中的第二课堂学习形式等同于劳动教育

当今时代，教育形式日益多元。一些人把专业课程学习中的参观考察、社会实践、专业实习等第二课堂形式等同于劳动教育。《意见》明确指出，高等学校要“结合学科和专业积极开展实习实训、专业服务、社会实践、勤工助学等，重视新知识、新技术、新工艺、新方法应用，创造性地解决实际问题，使学生增强诚实劳动意识”。第二课堂的学习形式确实包含了一定量的劳动，这些“劳

---

① 郭学利：《高校劳动教育实践误区与优化路径研究》，《内蒙古财经大学学报》2020 年第 5 期。
② 檀传宝：《如何让“劳动”成为一种“教育”？——对劳动与劳动教育的概念之思》，《华东师范大学学报》（教育科学版）2022 年第 6 期。
③ 檀传宝：《劳动教育的本质在于培养劳动价值观》，《人民教育》2017 年第 9 期。
④ 周波：《劳动教育的认识误区及其澄清》，《教育评论》2021 年第 4 期。

动”还是为第一课堂服务的，但是，参与了第二课堂并不等于获得了相应的劳动教育。《意见》说得很明确，“结合”不是“等于”，是结合第二课堂的形式开展劳动教育，而不是将第二课堂直接等同于劳动教育。此外，在第二课堂实施过程中，学生成绩的获得大多来自出勤率、目标完成度等量化指标，忽略了学生获得的感受。若是仅注重第二课堂外在的过程与形式，而忽略学生价值观的塑造和情感体验，学习形式就会变成仅仅是知识学习或技能掌握的延伸，与劳动教育的要求相差甚远，也势必影响学生参与劳动教育的积极性。事实上，在劳动教育参与的意愿调查过程中，82.67%的学生表示非常愿意参加劳动教育活动①，而表示自己喜欢劳动的大学生仅占14.73%。② 这一矛盾的数据，充分说明了学生参与劳动教育的热情度与我们劳动教育效果之间的不对等，也充分说明我们在注重劳动教育的过程与形式的基础上，更要关注教育活动的吸引力和学生的内心体验，使学生真正体会到劳动快乐与劳动幸福的意趣，使学生获得真实崇高的劳动情感体验，由“人人参与劳动”向“人人乐于劳动”转变。③

四　将劳动教育融入专业课程教育的路径

本文以“职业安全与卫生”课程为例，讲述将劳动教育融入专业课程教育的路径。“职业安全与卫生”是劳动关系本科专业的专业选修课程，课程用讨论式、启发式、创新式方法主要介绍了劳动与生产过程中职业危害的基本概念、产生条件、危害辨识、防护方法及控制手段，在讲清楚概念的基础上，注重案例的讲解。内容主要包括职业安全与卫生的概念，职业安全与卫生管理的原理，职业安全与卫生法律法规，事故的类型与预防，危险源的辨识、控制及个人防护，职业健康与职业病，职业安全卫生管理体系与模式等。劳动教育融入“职业安全与卫生”课程教育，对于劳动教育有效融入其他专业课程，对于劳动关系专业人才培养、新时代素质教育、落实立德树人根本任务等具有重要的价值意蕴。

① 郭晓云：《高校劳动教育的现状与路径探析》，《龙岩学院学报》2019年第6期。

② 陈伟霞：《新时代高职大学生劳动教育现状和对策研究》，《中国多媒体与网络教学学报》（电子版）2020年第11期。

③ 卓晴君、徐长发：《以劳树德以劳增智以劳育美》，《光明日报》2018年10月9日。

（一）端正思想认识，为劳动教育融入专业课程教育扎理念之根

人的全面发展学说既是马克思主义教育思想的基本内涵，也是我党制定教育方针政策的根本遵循。从教育学原理来说，劳动教育是以促进学生的全面发展为目的的教育活动。[①] 劳动教育在树德、益智、健体、育美等方面都有比较全面的功能：德育与劳动教育的有机结合有助于解决德育虚化的问题，在德育中引入社会公益劳动，在生产劳动中渗透德育，有利于学生端正生活态度和价值观，提高社会公德，增强社会责任感；智育与劳动教育相结合有助于学生从做中学，知行统一，学以致用，提高劳动的技术含量，培养创造性劳动能力；体育与劳动教育相结合有助于磨炼学生意志，培养公平竞争和团队合作精神；美育与劳动教育相结合有助于培养学生创造美的能力，让学生懂得劳动最光荣、劳动最崇高、劳动最伟大、劳动最美丽。专业课程教育作为智育的重要组成部分，只有充分与劳动教育相融合，才能真正达到理论与实践相结合的目的。然而，随着社会时代的变迁及各种因素的影响，传统劳动教育的基础条件和社会氛围已经发生了重大变化，劳动教育有所弱化、淡化，在一部分青少年中出现了“不珍惜劳动成果、不爱劳动、不会劳动”的现象。从当前大学生发展的实际情况来看，多数大学生缺乏劳动意识和劳动习惯。[②] 尤其是在多元文化发展冲击下，部分学生滋生了“享乐主义”思想，这种思想与我国传统的“吃苦耐劳”“艰苦奋斗”思想背道而驰，不利于学生全面发展[③]，长此以往可能危及社会主义事业的持续发展和中华民族的伟大复兴。因此，劳动教育与专业教育的融合具有必要性和紧迫性。

一些教育工作者认为把劳动教育融入专业课程教育，会挤占宝贵的专业课程教育资源，影响专业课程教育的专业育人效果。事实上，劳动教育不仅不会是专业课程教育的羁绊，还会是专业课程教育的促进剂和推动剂。将劳动教育融入“职业安全与卫生”课程教育，会使学生更加深刻理解“职业安全卫生的基本知识和基本技术、预防事故和职业病的一般方法”等专业课程知识的现实意义，将“努力为劳动者提供安全与健康的工作环境与措施保障”作为自己成为劳动

① 陶凤云、沈紫晴、胡斌武：《新时代一体化劳动教育体系：价值导向与实践进路》，《教育理论与实践》2022年第25期。

② 王玉香、杨克、吴立忠：《大中小学青少年劳动状况调研报告——基于全国30省份29229名学生的实证调查》，《中国青年研究》2021年第8期。

③ 潘燕：《高职院校劳动教育现状及对策》，《湖北开放职业学院学报》2022年第20期。

关系专业的从业者的必备素质，会以更高的标准严格要求自己，继而增加学生学习的主动性，对学生的专业课程学习会起到巨大的促进作用。同时，通过劳动教育与专业课程教育的融合，学生将避免“终端体验”时代下成长起来的弊端，切身体会“劳动”过程的艰辛，既消除了学生的浮躁情绪和眼高手低的毛病，磨炼了意志，又通过分工协作培养了学生的团队协作意识，提高了学生的劳动意识和社会责任感。[①] 此外，劳动教育中有关学生劳动价值观的塑造，可以激发学生践行“辛勤劳动、诚实劳动、创造性劳动”的热情，使学生更能在“职业安全与卫生”学习中独立思考、战胜困难、勇攀知识高峰，积极探索“预防事故中的技术、管理、培训对策，提高职业安全与卫生的管理水平”，努力掌握“职业病防治、危险源辨识、职业安全卫生相关法制建设”等专业知识，从而达到劳动教育和专业课程教育相得益彰的效果。

（二）融合培养目标，为劳动教育融入专业课程教育发规划之芽

高校开展劳动教育，可以培育学生科学的劳动价值观，形成正确的劳动态度，培育优良的劳动品德，掌握劳动知识技能，接受必需的职业启蒙。劳动教育的目的就是让“劳动最光荣、劳动最崇高、劳动最伟大、劳动最美丽”的观念深入人心，让学生形成“不劳者不得食”的理念，摈弃好逸恶劳、好吃懒做、投机取巧、坐享其成、不劳而获等错误观念。劳动体现于教育，它是对知识的躬身修行；体现于社会生产，它是创造真实价值的手段。[②] 新时代劳动教育注重劳动技能的培养，做到手脑并用、知行合一，通过劳动教育了解社会、接触社会，进行体验式学习，提高社会适应能力，让学生实现高质量更充分的发展。将劳动教育融入专业课程教育，可以促进“优秀劳动者”人才培养根本任务的实现，进而提高人才培养的质量。高校人才培养的根本任务是立德树人，将劳动教育融入高校人才培养体系中，可以帮助学生树立正确的劳动观念，养成良好的劳动习惯与品德，以此发挥学生的知识运用能力，使学生从做中学、学中思、思中践，从而促进优秀人才的培养。

培养目标的融合，将会为劳动教育融入专业课程教育指明方向，对应用型、

① 杨琴、吴笑伟：《劳动教育融入专业教育的“四岗轮动”教学模式研究与实践——以建筑工程技术专业为例》，《河南教育（高等教育）》2022年第10期。

② 蒋桂芳：《新时代劳动教育观的理论探讨与实践路径分析》，《理论与评论》2021年第5期。

复合型、创新型人才培养目标的实现起到事半功倍的效果。为此，本研究将劳动教育劳动价值观和劳动素养的培养目标融入“职业安全与卫生”课程的培养目标：将课程的知识和能力培养目标定位为“使学生了解职业安全卫生的基本知识和基本技术，了解职业安全与卫生研究的一般原则，掌握预防事故和职业病的一般方法，熟练掌握工业生产过程中职业危害的基本概念、产生条件、危害辨识、防护方法及控制手段等专业技能，并养成正确的劳动习惯”；将课程的态度与情感方面的培养目标定位为“思想认识方面要牢固树立劳动崇高、创造伟大的思想，真正尊重和热爱劳动和劳动者，深刻体会“职业安全与卫生”课程学习对于劳动者健康和安全的重要意义”。此外，将劳动教育的目标分解到每次课堂教学中，在每次课堂教学中明确本次课程的知识目标、技能目标、价值观目标。例如，在“职业安全与卫生”课程的“个人防护与急救措施”小节中，除了明确学生对于“个人防护理论知识、普通急救措施应用”等知识技能目标掌握外，更要注重对于一线“应急救援”劳动者的感人事迹所凸显出来的个人价值与责任的解读，引导学生拥有正确的“梦想”，使学生在案例学习中深刻体会重大事故中“逆行者”的担当，通过生动的劳动教育引起学生“积极做伟大劳动者”的强烈共鸣。

（三）找寻劳育元素，为劳动教育融入专业课程教育开过程之花

劳动是人类最基本的实践活动，其目的不仅是满足人类生存的需要，更是满足人类发展的需要。因此，劳动教育融入专业课程教育，需要创设教育情境，关注学生的身体体验、情感体验以及认知体验，构建受教育者“身心一元”的认知图式。劳动教育的情境要源于生活用于生活，让学生在对劳动教育过程的体验中形成对劳动意义的价值判断和劳动成果的价值认同。这不仅是巩固、运用、深化新知识新技能的需要，也是学生养成好的劳动习惯、形成好的劳动品质，使劳动常态化而非偶然之举的需要。此外，劳动教育融入专业课程教育必须培养学生的创造创新能力和合作精神。当前，我国大学生大多是家中的独生子女，事事受到长辈的关爱和帮扶，由此产生的惰性会削弱他们的动手动脑能力和探索的勇气。人工智能的应用又会在一定程度上强化学生的这种惰性，形成学生对现代技术的依赖。因此，劳动教育与专业课程教育的融合必须使学生从双重依赖的惰性中解放出来，帮助学生体验劳动和探究的快乐，培育学生热爱劳动的情感，形成

劳动的智慧。为此，在劳动教育融入专业课程教学中一定要注重体验教学法和探索法的运用。

找寻劳育元素，是将劳动教育融入专业课程教育的重要抓手，也是体验教学法和探索教学法的具体实施路径。劳动教育元素的挖取，需要教师在熟练把握所讲知识脉络的基础上，深挖教学内容背后的劳动教育元素，精细加工，使劳动教育自然渗透到专业课程教育过程中。在“职业安全与卫生”课程中，专业教师可以从职业安全与卫生相关的概念、措施、法规等方面找到与劳动教育的“融合点”。譬如，在职业安全与卫生发展过程中出现的新工艺、新材料、新技术、新设备，无不是一线劳动者“奋斗与探索”的结果。每个成果的取得，无不饱含着劳动者不畏困难、默默奋斗、勇于创新的光辉事迹，通过这些劳动者的“体验”，引发学生对劳动价值观的认同，激励学生靠自己双手去创造成绩。课程中“职业安全和卫生检测与监控”的内容中，对于各个参数的监测极其烦琐费时，可以在实践环节中让学生磨炼意志、锻炼本领，再进一步以问题引导学生深入思考面对烦琐的劳动问题，如何借助高新技术手段，使人从复杂的劳动中解放出来，以此促使学生切实体会“智慧”管理的高效、准确，引导学生进行探索性劳动，做依靠科技、掌握科技的高素质劳动者。此外，课程中关于职业安全与卫生的文化、法律、制度的形成，都是劳动者智慧结晶在管理上的体现。教师可以从做一个“用心”的劳动者的角度，启发学生在劳动过程中要有全局意识，团结协作，做一名“创造性”劳动者，从而实现将课程内容综合化，不仅把职业安全与卫生的理论和实践对接到一起，也同时兼顾了对学生职业技能、情感态度等的培养。

（四）评价课程效果，为劳动教育融入专业课程教育结收获之果

对专业知识和技能的考核，往往用试题的正确率或者实验任务的完成状况来考核。劳动教育融入专业课程教育的效果考核，也需要构建相应的评价原则：提倡学习结果与学习过程、劳动素养发展与整体素养发展的统一，既关注学生知识技能的习得、学习内容的掌握情况，又关注学生劳动知识、方法、态度的动态发展情况。劳动教育融入专业课程学习中，对于学生学习过程的评价，应注重学生劳动价值观、情感和态度的形成，关注学习活动中劳动经验的积累、原理的运用、方法的融合、设计的创新、技能的迁移、文化的感悟等，形成促进学生劳动

素养和整体素养的评价机制。

在“职业安全与卫生”课程考核中，既有对专业知识和能力的考核，也有关于劳动意识、劳动价值观等劳动教育实施效果方面的考核，注重对学生劳动素养和发展状况的动态测评。譬如，在综合评价作业“社区安全隐患辨识”中，学生作业成绩的获得，不仅仅取决于安全隐患辨识和分析等专业知识的灵活运用及完成质量，更要考虑作业的规范性、与小组成员的合作情况、作业前的与社区工作人员的沟通等准备情况、课上认真听课情况等，以此来考查学生是否尊重劳动者，是否有集体意识和团队协作意识，是否遵守劳动安全工作规范，是否尊重和热爱劳动等。在劳动过程观方面，通过平时专业课程学习活动中“劳动”的积极性和主动性，考核学生对于“空谈误国、实干兴邦”的理解程度，对于“脚踏实地、肯干苦干、持之以恒”的劳动态度的认可水平。在劳动成果观方面，通过学习体验的分享、总结等方式，考核学生是否能“亲身体验用劳动换来成果的艰辛与价值”，是否能感受到为社会作贡献的成就感、幸福感，是否能感受到劳动的充实美、收获美。此外，在作业后采取线上线下相结合的方式，让学生充分表达自己在作业中的情感体验和学习心得，并让学生的作业在微助教平台进行互评，以达到互相学习、共同提高的目的。

五　结语

劳动教育融入专业课程教育，既是落实立德树人根本任务的重要举措，也是提升素质教育的必然要求，更是高等教育高质量发展的必然选择。劳动教育融入专业课程教育，需要同时注重劳动精神、劳动意识等内化因素以及劳动技能、专业知识的掌握等外化因素。劳动教育融入专业课程教育，既有助于学生专业知识与技能的提高，又有助于学生劳动价值观的塑造，是高校应用型、复合型、创新型人才培养目标的必然要求。专业课程教师要加强“课程劳育”的理论与应用研究，提升劳动教育实施的针对性和时效性，使劳动教育与专业课程融合成为培养高素质劳动者的有效途径之一。

（编辑：党印）

The Integration of Labor Education into Professional Curriculum Education in Colleges and Universities: Evidence from the Course Occupational Safety and Health

Yang Xingang

Abstract: Labor education is an important content and method of personnel training. It is of great practical significance to integrate labor education into professional curriculum education. Starting from the concept and goal of labor education, this paper analyzes some misunderstandings of the integration of labor education into professional curriculum education, including: equating "campus" labor in professional curriculum learning with labor education, equating vocational skills learning with labor education, and the second classroom learning form is equivalent to labor education. On this basis, this paper takes "Occupational Safety and Health" as an example, and gives countermeasures for integrating labor education into professional curriculum education from four aspects: correcting ideological understanding, integrating training goals, finding elements of labor education, and evaluating curriculum effects.

Keywords: Colleges and Universities; Labor Education; Professional Course Education

改革开放以来中小学劳动教育课程标准嬗变研究：历程、特点及反思

李东栩　樊晓文

【摘　　要】改革开放以来，中小学劳动教育课程标准历经起步、完善、中断、再次启航的历史发展阶段；在 40 余年的历史演变过程中，因时代发展及人才培养要求不同，中小学劳动教育课程标准在目标表述、课程内容、整体结构等方面也呈现多样变化；新时期，我们应在《义务教育课程方案（2022 年版）》指导下坚定贯彻执行新劳动课程标准，同时还要在充分把握中小学劳动教育本质规律的基础上不断完善新劳动课程标准，坚持劳动素养的全面培养，重点关注劳动实践应注意的系列问题，尽快制定高中劳动课程标准等工作，努力在紧抓中小学劳动教育主要矛盾基础上高质量、高标准落实中小学劳动教育工作。

【关 键 词】劳动教育；中小学劳动教育；课程标准；劳动课程标准

【作者简介】李东栩，东北师范大学教育学部博士研究生，主要研究领域为教育基本理论；樊晓文，山东省鱼台县第一中学教师，中学一级教师，主要研究领域为教育基本理论、课程教学论。

课程标准又称教学大纲[①]，是课程计划中每门学科以纲要形式编写的有关学

① 课程标准又称教学大纲，2001 年以前我国曾称之为教学大纲，2001 年课程改革后改称为课程标准（详见王道俊、郭文安主编《教育学》，人民教育出版社，2021），故本文中教学大纲和课程标准同义。

科教学内容的指导性文件，在教育教学工作中发挥着重要的“组织者”作用。[①] 纵观新中国成立以来中小学劳动教育发展史，改革开放初期中小学主要通过小学劳动课和中学劳动技术课加强学校劳动教育工作；21世纪以来的20余年中，中小学劳动教育多通过综合实践活动课程中的“劳动与技术”板块开展；2022年4月，《义务教育课程方案（2022年版）》正式将劳动课纳入中小学教学计划，中小学再次通过独立劳动课落实。为此，本文将结合中小学教学（课程）计划、中小学劳动课程发展史等内容全面梳理改革开放以来中小学劳动教育课程标准[②]的历史嬗变，并在此基础上详细探讨改革开放以来中小学劳动教育课程标准的发展特点及系列反思。

一　改革开放以来中小学劳动教育课程标准的嬗变历程

改革开放以来，教育部相继印发并逐步完善了中小学劳动教育课程标准。但在40余年历史发展中，中小学劳动教育课程标准也呈现出起步、完善、中断、再次启航的历史发展阶段。

（一）中小学劳动教育课程标准起步发展时期（1978~1987年）

这一时期，党中央逐步恢复新中国成立以来的中小学劳动教育优良传统，相继在小学增设劳动课、在中学增设劳动技术课落实中小学劳动教育工作。随后，教育部相继印发改革开放以来的第一份中、小学劳动课教学大纲（课程标准），[③] 中小学劳动教育课程标准处于起步发展时期。

1978年12月召开的党的十一届三中全会预示着改革开放的全新局面，为包括劳动教育在内的中小学教育事业带来了极大的思想解放。党的十一届三中全会

---

① 全国十二所重点师范大学联合编写《教育学基础》，教育科学出版社，2012，第172页。

② 本文探讨的中小学具体包括全日制小学、初中和高中。需要指出的是，改革开放初期，我国在小学增设劳动课、在中学增设劳动技术课来落实中小学劳动教育工作，随后教育部相继印发小学劳动课教学大纲（课程标准）、中学劳动技术课教学大纲（课程标准）来进一步保障中小学劳动教育的稳健发展。虽然中学“劳动技术课”与“劳动课”为不同概念，但中学“劳动技术课”同样有对受教育者劳动教育的教学要求，故本文将中学“劳动技术课”教学大纲（课程标准）一并作为劳动课程标准，并与小学劳动课程标准统称为“劳动教育课程标准”。

③ 艾兴、李佳：《新中国中小学劳动教育课程设置：演变、特征与趋势》，《教育科学研究》2020年第1期。

后，教育战线积极贯彻经济领域“八字方针”，中小学教学改革逐步展开。为培养中、小学生的劳动观点以及劳动习惯，更好贯彻邓小平同志“教劳结合”新思想，[①] 1981年3月教育部印发《全日制五年制小学教学计划（修订草案）》，该计划一改“文化大革命”期间劳动课程被“弱化”的现象，再次将小学劳动课程单独增设。[②] 随后，1981年4月印发的《全日制六年制重点中学教学计划试行草案》在中学新增劳动技术课，[③] 中小学教学计划自改革开放以来第一次正式恢复“劳动教育”课程，新教学计划的印发以及劳动课程的恢复预示着中小学劳动教育工作进入新的历史发展时期。党的十二大以后，为更好发展教育教学事业，党中央先后通过《关于教育体制改革的决定》以及《义务教育法》。随后，教育部根据上述法律文件精神，对全日制小学6科和中学12科教学大纲进行了修订，并于1987年2月颁发新修订的全日制中小学教学大纲。[④] 中小学劳动教育方面，为更好落实中小学劳动教育工作，教育部分别于1987年3月和10月印发《全日制普通中学劳动技术课教学大纲（试行稿）》[⑤]《全日制小学劳动课教学大纲（试行草案）》，[⑥] 中小学劳动教育第一次有了系统的教学大纲（课程标准），教学大纲对中小学劳动技术课、劳动课的教学目的、教学要求等内容作了详细说明，是指导新时期中小学劳动教育工作的重要行动指南。

以上是改革开放以来中小学劳动教育教学大纲（课程标准）印发的背景与缘起，教学大纲的印发标志着我国中小学劳动教育走上了新的历史之轨，教学大纲的印发也对中小学劳动教育的全新发展起到了不可替代的“定位导航”作用。

（二）中小学劳动教育课程标准完善发展时期（1988~2000年）

随着我国教育教学事业的深入发展，这一时期，教育部于1988年印发了中小学劳动教育初审稿教学大纲，随后继续修订了初审稿并于1992年印发试用版

---

① 党印、刘丽红、张诺：《教育与生产劳动相结合：理论溯源、历史演进与现实方向》，《中国劳动关系学院学报》2022年第2期。

② 课程教材研究所编《20世纪中国中小学课程标准·教学大纲汇编：课程（教学）计划卷》，人民教育出版社，2001，第331页。

③ 课程教材研究所编《20世纪中国中小学课程标准·教学大纲汇编：课程（教学）计划卷》，人民教育出版社，2001，第336页。

④ 卓晴君、李仲汉：《中小学教育史》，海南出版社，2000，第397页。

⑤ 何东昌主编《中华人民共和国重要教育文献（1949~1975）》，海南出版社，1998，第2588页。

⑥ 何东昌主编《中华人民共和国重要教育文献（1949~1975）》，海南出版社，1998，第2677页。

教学大纲，试用版教学大纲适应了时代发展对中小学劳动教育的新要求，中小学劳动教育教学大纲在党中央的正确带领下走向完善发展时期。

为全面推进义务教育，1988年9月教育部依据《义务教育法》印发《义务教育全日制小学、初级中学教学计划》，根据教学计划，教育部组织编订了包括《九年制义务教育全日制初级中学劳动技术课教学大纲（初审稿）》等初级中学15科以及《九年制义务教育全日制小学劳动课教学大纲（初审稿）》等小学9科教学大纲，[①] 具体来看，初审稿教学大纲是对1987年印发的中学劳动技术课教学大纲（试行稿）以及小学劳动课教学大纲（试行草案）的补充与完善，此后，小学劳动课、中学劳动技术课开始按照新教学大纲（初审版）执行。与1987年劳动课教学大纲（试行草案）相比，小学劳动课教学大纲（初审稿）进一步确证了劳动课的目的，而中学劳动技术课教学大纲（初审稿）也指出初中学生要进一步学习一些初步的职业技术知识和技能。[②] 需要指出的是，劳动课、劳动技术课教学大纲（初审版）为内部发行文件，整体来看初审版教学大纲更多是一个过渡版方案。

教育部在1988年印发中小学教学计划及教学大纲（初审稿）的同时，有关单位依照各科教学大纲编写了中小学各科教材用书，并根据各科教材编写过程以及各科试教的实际效果对教学大纲（初审版）进行了详细的反馈，教育部随后根据反馈意见对各学科教学大纲（初审稿）进行了进一步的补充与完善，并再次送到全国中小学教材审定委员会审定通过，最终形成了包括《九年义务教育全日制小学劳动课、初级中学劳动技术课教学大纲（试用）》等24个学科教学大纲（试用），并于1992年8月与修订后的课程计划一同印发。[③] 此后，中小学劳动教育即按试用版教学大纲开展。另外，为更好落实高中劳动教育工作，教育部在普通中学劳动技术课试行稿教学大纲（1987年印发）基础上于1997年印发《全日制普通高级中学劳动技术课教学大纲（供试验用）》，[④] 并对高中劳动技术课的教学内容、课程安排等内容作了详细说明。至此，我国初步建立了较为完

① 何东昌主编《中华人民共和国重要教育文献（1949~1975）》，海南出版社，1998，第2799页。

② 卓晴君、李仲汉：《中小学教育史》，海南出版社，2000，第424页。

③ 课程教材研究所编《20世纪中国中小学课程标准·教学大纲汇编：课程（教学）计划卷》，人民教育出版社，2001，第350页。

④ 课程教材研究所编《20世纪中国中小学课程标准·教学大纲汇编：音乐、美术、劳技卷》，人民教育出版社，2001，第468页。

善的中小学劳动教育课程标准，中小学劳动教育工作也在课程标准的指引下稳健发展。

可以看出，这一时期党中央、教育部十分重视中小学劳动教育工作，相继印发并不断完善了中小学劳动教育教学大纲，系统的劳动教育教学大纲有效培养了中小学生的劳动观念和劳动知识与技能。

（三）中小学劳动教育课程标准中断发展时期（2001~2021年）

21世纪初期是我国中小学劳动教育的“曲折”发展时期，这一时期，改革开放以来具有独立课程地位的小学劳动课以及中学劳动技术课被取消。① 正因为独立开设的劳动课程被取消，中小学劳动教育课程标准也处于中断发展时期。

为培养21世纪的一代新人，2001年5月国务院印发《关于基础教育改革与发展的决定》，指出要构建符合素质教育的基础教育课程体系，进一步加强中小学劳动教育。② 是年6月，教育部印发《基础教育课程改革纲要（试行）》，重新调整了基础教育课程体系，其中一项重要内容就是将改革开放以来独立开设的小学劳动课和中学劳动技术课取消，并将其并化为综合实践活动课程的组成部分之一，③ 此后，中小学劳动教育多通过综合实践活动课程中的“劳动与技术”板块进行。

为更好落实新课程改革、实施新课程方案，教育部于2001年印发《义务教育语文课程标准（实验稿）》等18科课程标准。④ 2010年，国家教育发展规划进一步明确了课程改革的重要方略，⑤ 随后教育部于2011年印发《义务教育语文课程标准（2011年版）》等19科课程标准，⑥ 通过对义务教育2001年版课程标准以及2011年版课程标准的全面分析，教育部并没有对中小学劳动教育课程

---

① 李珂、曲霞：《1949年以来劳动教育在党的教育方针中的历史演变与省思》，《教育学报》2018年第5期。

② 《国务院关于基础教育改革与发展的决定》，教育部网站，http：//www.moe.gov.cn/jyb_xxgk/moe_1777/moe_1778/201412/t20141217_181775.html。

③ 《教育部关于印发〈基础教育课程改革纲要（试行）〉的通知》，教育部网站，http：//www.moe.gov.cn/srcsite/A26/jcj_kcjcgh/200106/t20010608_167343.html。

④ 龙安邦、余文森：《我国基础教育课程改革与发展70年》，《课程·教材·教法》2019年第2期。

⑤ 《国家中长期教育改革和发展规划纲要（2010~2020年）》，教育部网站，http：//www.moe.gov.cn/srcsite/A01/s7048/201007/t20100729_171904.html。

⑥ 《教育部关于印发义务教育语文等学科课程标准（2011年版）的通知》，教育部网站，http：//www.moe.gov.cn/srcsite/A26/s8001/201112/t20111228_167340.html。

标准作出安排。另外，通过对高中课程方案及高中课程标准（2003年版、2017年版以及2020年版）的梳理与分析，同样没有对高中劳动教育课程标准作出安排，中小学劳动教育课程标准处于中断发展时期。不可否认，中小学劳动教育独立课程地位以及劳动课程标准的缺失容易导致中小学劳动教育在实践中被“弱化”。

党的十八大以来，习近平总书记多次阐释了劳动活动对于培养一代新人的重要价值。为全面贯彻德智体美劳全面发展的教育方针，2015年7月，教育部等部门联合印发《关于加强中小学劳动教育的意见》，① 该意见是21世纪以来的第一份关于中小学劳动教育的实施意见，其印发昭示着中小学劳动教育工作的光明前景。为继续加强中小学劳动教育，教育部于2020年7月再次印发《大中小学劳动教育指导纲要（试行）》，② 对大中小学劳动教育的性质、理念、关键环节等内容作了详细说明，中小学劳动教育再次迎来新的发展。新的实施意见和指导纲要预示着中小学劳动教育及其课程标准将迎来新的曙光和发展。

（四）中小学劳动教育课程标准新发展时期（2022年至今）

这一时期，教育部再次将劳动课程列入义务教育课程方案（2022年版），同时印发了21世纪以来的第一份义务教育劳动课程标准（2022年版），中小学劳动教育课程标准进入新发展时期。

现行义务教育课程方案、课程标准分别于2001年、2011年制定，而随着社会发展以及教育教学的深化改革，现行课程方案、课程标准逐渐表现出与新时期人才培养要求不相适应的情况。③ 此外，党的十八大以来，以习近平同志为核心的党中央在科学把握教育教学规律的基础上作出系列正确部署，新的历史时期、新的发展理念要求我们进一步完善并构建符合新时期义务教育高质量发展的课程方案和课程标准。为此，教育部于2022年4月印发《义务教育课程方案（2022年版）》以及《义务教育劳动课程标准（2022年版）》等16科课程标准，④ 新

---

① 《教育部　共青团中央　全国少工委关于加强中小学劳动教育的意见》，教育部网站，http://www.moe.gov.cn/srcsite/A06/s3325/201507/t20150731_197068.html。

② 《教育部关于印发大中小学劳动教育指导纲要（试行）的通知》，教育部网站，http://www.moe.gov.cn/srcsite/A26/jcj_kcjcgh/202007/t20200715_472808.html。

③ 《教育部关于印发义务教育课程方案和课程标准（2022年版）的通知》，教育部网站，http://www.moe.gov.cn/srcsite/A26/s8001/202204/t20220420_619921.html。

④ 《教育部关于印发义务教育课程方案和课程标准（2022年版）的通知》，教育部网站，http://www.moe.gov.cn/srcsite/A26/s8001/202204/t20220420_619921.html。

课程方案及劳动课程标准的印发标志着我国中小学劳动教育进入全新发展时期。

新课程方案的一项重要改变就是将中小学劳动课程单列，再次恢复其独立的课程地位，独立增设的中小学劳动课程有效保证了劳动课程的课时数，也有效保证了劳动课程不被其他课程所占用。中小学劳动课程恢复的结果就是使中小学劳动课再次有了课程标准，课程标准对新时期中小学劳动教育的课程性质、理念、目标、内容、实施以及劳动素养要求进行了全方位的安排与部署，是党中央全面落实立德树人根本教学任务的重要抉择。整体而论，新课程标准的印发使得中小学劳动教育工作有了系统的教学指南，为构建“五育并举”的课程体系、培养新时期全面发展的一代新人发挥了重要作用。

二　改革开放以来中小学劳动教育课程标准的变迁特点

改革开放以来，中小学劳动教育课程标准在多次修订、完善过程中其课程目标表述、教学内容以及整体结构等方面都呈现出多样变化，这一变迁之路鲜明体现出教育改革以及时代发展对人才培养的新需求。

（一）目标表述：课程目标向综合丰富以及本体意蕴发展

在40余年的历史发展中，中小学劳动教育课程标准一方面在目标表述层面不断向综合丰富发展，另一方面也不断回归中小学劳动教育目标的本体意蕴。

改革开放初期，党中央相继在中小学增设劳动技术课和劳动课来落实中小学劳动教育工作，随后印发的小学劳动课和中学劳动技术课教学大纲对课程的目标作了明确表述。具体而言，通过对小学劳动课教学大纲试行草案（1987年）、试用版教学大纲（1992年）的全面梳理①，我们发现试行草案教学大纲（1987年）多强调受教育者劳动观点、劳动习惯以及生活基本的劳动知识和技能学习，② 而试用版教学大纲（1992年）在此基础上进一步强调了受教育者热爱劳动和热爱

① 需要指出的是，1988年9月印发的《九年制义务教育全日制小学劳动教学大纲（初审稿）》以及《九年制义务教育全日制初级中学劳动技术课教学大纲（初审稿）》为内部发行文件，故本文不对其进行梳理与对比。

② 课程教材研究所编《20世纪中国中小学课程标准·教学大纲汇编：音乐、美术、劳技卷》，人民教育出版社，2001，第445页。

劳动人民的思想感情。[①] 中学劳动技术课方面，试行稿教学大纲（1987年）对课程目标的表述为培养受教育者的劳动观点、劳动习惯和劳动情感，在此基础上同时还有掌握生产劳动、职业技术的基础知识和技能的教学要求，[②] 试用版教学大纲（1992年）在此基础上新增了适应现代化工作和生活所需的简单生产和生活自理能力。[③] 而《义务教育劳动课程标准（2022年版）》无论对小学还是对初中劳动课程目标的表述均为全面培养受教育的劳动素养，相较以往，除最基本的劳动观念以及劳动能力要求外，劳动素养继续强调了劳动品质以及内涵更为丰富的劳动精神。[④] 可以看出，新课程标准（2022年版）对劳动课程目标的表述更加全面系统，中小学劳动教育课程标准对课程目标的表述不断向综合丰富发展。

另外，中学劳动教育课程标准对课程目标的表述也不断回归劳动教育目标的本体意蕴，即要均衡培养受教育者的"劳动价值观"[⑤] 和"劳动知识与技能"。[⑥] 改革开放初期，小学主要通过劳动课来落实学校劳动教育，通过对多份小学劳动课教学大纲的梳理与对比，我们发现小学劳动课教学大纲对课标目标的表述均强调劳动价值观以及劳动知识、技能培养的平衡，而新时期劳动素养的提出更加平衡了二者之间的培养关系，可以看出，小学劳动课程目标在时代变迁中有良好的沿承与发展。与此同时，改革开放初期中学主要通过劳动技术课来落实学校劳动教育工作，但在劳动技术课中，技术学习优先于劳动观点和劳动态度的培养，技术学习是主要的。[⑦] 因此，中学劳动技术课教学大纲对课程目标的表述在保障基

---

① 课程教材研究所编《20世纪中国中小学课程标准·教学大纲汇编：音乐、美术、劳技卷》，人民教育出版社，2001，第456页。

② 何东昌主编《中华人民共和国重要教育文献（1949~1975）》，海南出版社，1998，第2588页。

③ 课程教材研究所编《20世纪中国中小学课程标准·教学大纲汇编：音乐、美术、劳技卷》，人民教育出版社，2001，第461页。

④ 《教育部关于印发义务教育课程方案和课程标准（2022年版）的通知》，教育部网站，http://www.moe.gov.cn/srcsite/A26/s8001/202204/t20220420_619921.html。

⑤ 本文的劳动价值观为广义的含义，具体包括了劳动观念、劳动态度、劳动习惯和劳动情感等理念层面的内容，区别于劳动知识和劳动技能。

⑥ 檀传宝：《劳动教育的概念理解——如何认识劳动教育概念的基本内涵与基本特征》，《中国教育学刊》2019年第2期。

⑦ 马开剑：《劳动技术教育反思与重建》，《中国教育学刊》2005年第9期。

本的劳动观点、态度、习惯培养基础上更加突出劳动技术与知识的习得。① 而新课程方案（2022 年版）及课程标准再次将中学劳动课程单设，同时强调培养中学生的劳动素养，中学劳动课程的单设一改往日通过劳动技术课落实学校劳动教育的现象，劳动素养的提出也使中学劳动教育目标一改往日多强调劳动技术的习得而走向平衡劳动技术学习和劳动价值观培养，中学劳动教育课程标准对课程目标的表述不断回归其本体意蕴。

（二）教学内容：在坚守本体内容的基础上体现时代发展特征

不同时期中小学劳动教育课程标准对劳动课程内容的要求也不同，这一变化一方面是基于时代发展对受教育者培养要求的不同，另一方面也是紧随劳动形态发展变化的现实需求。

1. 小学劳动课教学内容

低年级方面，试行草案教学大纲（1987 年）对小学低年级劳动课程内容的安排主要是日常的简单家务劳动、力所能及的自我服务劳动、学校的日常公益劳动以及认识几种花草树木并能浇水。② 试用版教学大纲（1992 年）在上述内容基础上新增“简单生产劳动”，其内容主要是简单的手工制作以及种植、饲养常见动植物两部分。③ 而新课程标准（2022 年版）在以上基础上继续完善了教学内容，虽部分表述有些许差异，但基本内容和主要思想一致，而其中最值得注意的是新增“烹饪与营养”的教学要求。

中年级方面，试行草案教学大纲（1987 年）对小学中年级规定的教学内容主要有自我服务、家务、种植和养殖、常见家电和工具使用以及公益劳动，④ 试

---

① 劳动技术课的教学目的：培养学生正确的劳动观点；养成良好的劳动习惯；使学生初步掌握一些生产劳动的知识和基本技能；具有从事简单生产的能力，为适应现代社会工作和生活的需要打下初步的基础。劳动技术课从适应我国社会主义现代化建设和社会生活的需要出发，选择工农业生产、服务性劳动以及日常生活中最基本的“技术知识”和“劳动技能”作为教学内容，同时注意技术的先进性。见《九年义务教育全日制初级中学劳动技术课教学大纲（试用）》（1992 年 6 月）。

② 课程教材研究所编《20 世纪中国中小学课程标准 · 教学大纲汇编：音乐、美术、劳技卷》，人民教育出版社，2001，第 446 页。

③ 课程教材研究所编《20 世纪中国中小学课程标准 · 教学大纲汇编：音乐、美术、劳技卷》，人民教育出版社，2001，第 457~458 页。

④ 课程教材研究所编《20 世纪中国中小学课程标准 · 教学大纲汇编：音乐、美术、劳技卷》，人民教育出版社，2001，第 446~447 页。

用版教学大纲（1992年）在此基础上新增“手工制作”的要求，[①] 而新课程标准（2022年版）则在上述内容基础上新增“现代服务业”[②] 劳动的教学内容。

高年级方面，试行草案教学大纲（1987年）在继承中年级劳动课教学内容基础上主要增加“食用菌栽培”“木工、竹工、金工”两部分，[③] 试用版教学大纲（1992年）与试行草案教学大纲（1987年）相比其课程内容基本未变，[④] 而新课程标准（2022年版）则结合时代发展，新增“现代新技术”[⑤] 和“现代服务”劳动两部分教学内容。

2. 初中劳动技术课教学内容

试行稿教学大纲（1987年）对课程内容的安排，初一为木工、手工艺、家政、园艺、公益劳动，初二为机械工具的使用与维护、白铁皮、刺绣、植树、果木种植、动物饲养、家政、公益劳动，初三为电工、农作物种植、食用菌栽培、服务性和公益劳动。[⑥] 试用版教学大纲（1992年）没有对具体年级的课程内容进行规划，仅仅说明了“必选项目”和“参考项目”，其中必选项目的主要内容在试行稿教学大纲（1987年）基础上增加了“金工和电子技术”。[⑦] 新课程标准（2022年版）则在上述基本内容基础上继续新增“新技术体验与应用”“现代服务业”劳动活动。

3. 高中劳动技术课教学内容

为落实高中劳动教育工作，全日制普通中学劳动技术课试行稿教学大纲

---

① 课程教材研究所编《20世纪中国中小学课程标准·教学大纲汇编：音乐、美术、劳技卷》，人民教育出版社，2001，第458页。

② 这里的“现代服务业劳动”主要有批发和零售业，交通运输、仓储和邮政业，住宿和餐饮业，信息传输、软件和信息技术服务业，金融业，房地产业，教育、卫生和社会工作，文化、体育和娱乐业，公共管理、社会保障和社会组织等现代服务行业等（参见劳动课程标准2022年版）。

③ 课程教材研究所编《20世纪中国中小学课程标准·教学大纲汇编：音乐、美术、劳技卷》，人民教育出版社，2001，第447~448页。

④ 课程教材研究所编《20世纪中国中小学课程标准·教学大纲汇编：音乐、美术、劳技卷》，人民教育出版社，2001，第459页。

⑤ 这里的“现代新技术”劳动主要有三维打印技术、激光切割技术、智能控制技术、数控加工技术、液态金属打印技术等（参见劳动课程标准2022年版）。

⑥ 课程教材研究所编《20世纪中国中小学课程标准·教学大纲汇编：音乐、美术、劳技卷》，人民教育出版社，2001，第436~438页。

⑦ 课程教材研究所编《20世纪中国中小学课程标准·教学大纲汇编：音乐、美术、劳技卷》，人民教育出版社，2001，第463~465页。

（1987 年）具体说明了高中各年级的教学内容。[①] 随后，1997 年印发的高中教学大纲没有具体规划高中各年级的课程内容，而是给出了课程的“基本项目”和“参考项目”。与试行稿教学大纲（1987 年）相比，1997 年教学大纲其课程内容基本没变，主要是进一步细化了具体的课程内容。[②]

整体来看，中小学劳动课程内容在不断完善中变得更加系统与丰富，同时也在坚守基本教学内容基础上不断与时俱进，不断新增与时代发展相适应的“新”劳动，[③] 这一变化鲜明体现了劳动课程教学内容的时代性。

（三）整体结构：课程标准结构更加优化完善

在中小学劳动教育课程标准历史发展过程中，其结构也变得更加系统与完善，更加健全的课程标准对中小学劳动课教学内容的规划与设计、对劳动课程的组织与开展等方面发挥着不可替代的重要作用。

通过分析，以往中小学劳动教育课程标准[④]的结构主要集中在教学目的、教学要求、教学内容、实施本大纲应注意的系列问题几个方面，而新课程标准（2022 年版）主要集中在课程性质、理念、目标、内容、劳动素养要求以及课程实施几个方面。从整体上来看，新、旧课程标准的核心内容及课程理念没有显著变化，但新课程标准的结构更加完善，内容表述更加具体，内部逻辑更加系统，具体如下。

课程目标方面。新课程标准首先明确了劳动素养的培养要求，说明了劳动素养的四个组成要素，详细定义了各组成要素的概念内涵以及各组成要素的具体教育要求，随后继续对劳动课的总体目标进行了详细的讲解与说明，最后还进一步细化了义务教育阶段劳动课程的各学段目标——方案将义务教育 1~9 年级分成 4

① 课程教材研究所编《20 世纪中国中小学课程标准·教学大纲汇编：音乐、美术、劳技卷》，人民教育出版社，2001，第 438~440 页。

② 课程教材研究所编《20 世纪中国中小学课程标准·教学大纲汇编：音乐、美术、劳技卷》，人民教育出版社，2001，第 469~487 页。

③ 刘向兵、张清宇：《中国共产党建党百年以来对劳动教育的探索》，《国家教育行政学院学报》2021 年第 7 期。

④ 这些课程大纲主要有 1987 年印发的小学劳动课试行草案教学大纲、中学试行稿教学大纲，1988 年印发的九年制义务教育全日制小学劳动课、中学劳动技术课教学大纲（初审稿），1992 年印发的九年制义务教育全日制小学劳动课、初级中学劳动技术课教学大纲（试用），1997 年印发的全日制普通高级中学劳动技术课教学大纲（供试验用）。

个学段，每个学段均有详细的若干小目标。

课程内容方面。总体上看，新课程标准进一步细化了劳动课教学内容。课程内容围绕“日常生活劳动”、“生产劳动”以及“服务性劳动”三大板块展开，每个板块下均含有不同的劳动“任务群”，三大板块共计10个“任务群”。课程标准随后还指明了每个学段受教育者所要参加的劳动“任务群”以及具体的劳动内容，同时继续对各个“任务群”的素养表现及活动建议给出了详细的说明。

劳动素养要求方面。新时期中小学劳动课程的最终价值取向是要培养受教育者的劳动素养，① 即通过参加各种适合年龄特征的劳动活动从而使受教育者的劳动观念方面、能力方面、习惯和品质方面以及劳动精神方面达到全方位的培养与提高。新课程标准详细说明了义务教育四个学段受教育者劳动素养的培养要求，每个学段均有劳动观念、能力、习惯和品质以及劳动精神的具体培养目标。

课程实施方面。新课程标准对中小学劳动教育的课程实施也作出了详细的规划与安排，具体来讲主要集中在劳动项目的开发、劳动过程的指导、劳动周的组织与实施、协同开展劳动教育的建议、课程实施评价、资源开发与利用以及劳动教师专业发展等方面。

整体来看，新课程标准在总结过往课程标准的核心架构以及课程理念基础上不断融入时代精神进而有了极大的丰富与发展，结构更为完善的劳动课程标准有效增强了课程标准的实践指导性，同时也更有利于劳动课程的实施、管理与评价。

三　改革开放以来中小学劳动教育课程标准演变的系列反思

中小学劳动教育课程标准在40余年的历史演变中为我们带来了众多启示与借鉴。新时期，我们应在不断总结中小学劳动教育课程标准历史变迁及系列成功经验的基础上做好以下工作。

---

① 徐海娇、艾子：《新中国成立70年我国劳动教育价值取向的历史进程与反思展望》，《广西社会科学》2019年第11期。

（一）坚定贯彻执行新劳动课程标准

劳动课程标准反映了劳动课程的性质、特点、任务、实施等内容，[①] 是中小学劳动课教学内容的指导性文件，通过劳动课程标准能更好地对义务教育劳动课程进行规划与设计。

新劳动课程标准（2022 年版）是在党中央的关切下，由众多专家学者在结合我国课程改革的成功经验并不断学习国际课程改革新成果的基础上，经过多次试验、反馈、修正过程才最终确定并由教育部印发，权威性、科学性、严谨性、系统性是新课程标准的显著特点。新劳动课程标准符合义务教育阶段受教育者身心发展的需求，符合义务教育阶段教育教学的内在规律，符合社会发展对受教育者综合素质全面提升的时代要求，是新时期中小学劳动教育工作的重要行动指南。我们要在党的领导下坚定贯彻实施新课程方案和新劳动课程标准。

首先，各省（区、市）教育行政部门要积极制定本地区劳动课程标准实施办法，从而保障新劳动课程标准的贯彻执行。其次，各省（区、市）要构建多样的课程标准培训体系，通过线上、线下等多种途径帮助各学校深入理解义务教育劳动课程标准的新理念以及新发展。最后，各地区学校也要构建新劳动课程标准的培训网络体系，努力帮助劳动课专任教师全方位把握新劳动课程标准的精神内核及内在规律，逐步形成自己的劳动教育教学哲学，从而高标准贯彻新劳动课程标准。

（二）继续完善新劳动课程标准

纵观新中国成立以来中小学劳动教育发展史，但凡中小学劳动教育稳健发展时期、但凡中小学劳动教育取得显著成效时期，无不与有着明确的教学计划和课程标准息息相关。[②]

第一版中小学劳动教育课程标准于 20 世纪 80 年代制定，但中小学劳动教育课程标准印发后并未止步不前，而是结合课程标准的实际表现以及时代发展对人

---

① 袁振国主编《当代教育学》，教育科学出版社，2010，第 135 页。

② 李东栩、赖明谷：《新中国成立以来中小学劳动教育课程的历史演变与未来展望》，《劳动教育评论》2021 年第 2 辑。

才培养的新需求进行了不断完善与发展。例如，改革开放后教育部于1987年印发了第一份中小学劳动教育教学大纲试行草案，随后于1988年制定中小学劳动教育初审稿教学大纲，于1992年制定试行版教学大纲，于2022年4月再次制定全新劳动课程标准。通过整体分析改革开放以来的中小学劳动教育课程标准我们发现，其结构在不断优化，受教育者参加的课程内容在不断完善，劳动课程的理念在不断发展，劳动课程体系也在变得更加系统。另外，与中小学劳动教育课程标准起步、完善发展时期相对应的是21世纪初期中小学劳动教育课程标准的“中断”发展时期，没有了独立的劳动课程、没有了独立的劳动教育课程标准，劳动教育在学校被“弱化”、在家庭被“软化”、在社会中被“淡化”。

因此，为了全方位培养受教育者的劳动素养，新时期我们要在新课程方案（2022年版）指导下坚定贯彻新劳动课程标准，同时也要结合时代发展以及中小学劳动教育现实实践继续完善、修订课程标准。不断优化发展的中小学劳动教育课程标准，既能保证劳动课及时跟进时代发展对人才培养的新要求，同时也能保证中小学劳动教育高效率开展。

（三）坚持劳动素养的全面培养

中小学劳动课程目标历经改革开放初期强调受教育者的劳动价值观以及劳动知识和技能，到21世纪初期注重受教育者的综合素质，再到新时期全面强调劳动素养的发展之路，劳动素养是新时期中小学劳动教育的最终价值取向。[①]

劳动素养是受教育者在劳动实践过程中形成的劳动价值观念、行为品格以及相关能力。劳动素养是一个内涵丰富的概念，具体包括劳动观念、能力、习惯和品质以及劳动精神四个方面，因劳动素养由相辅相成的四要素构成，为此，对于劳动素养的培养我们要重点关注以下几个问题。

一是各组成要素的全面发展问题。劳动素养由劳动观念等四要素共同构成的一个有机整体，整体性是劳动素养的显著特征，劳动素养的整体性要求我们在劳动教育实践中要确保受教育者的劳动观念、能力、习惯和品质以及劳动精神四个方面都得到统一全面发展，缺乏任一要素的培养均不能称为完整的劳动素养。

① 班建武：《“新”劳动教育的内涵特征与实践路径》，《教育研究》2019年第1期。

二是各组成要素的均衡发展问题。劳动素养各组成要素之间既有联系又有区别，既不可分割又不可相互替代，每一组成要素均对受教育者的成长与发展扮演着重要角色。劳动素养的本质决定了要均衡培养劳动素养的各组成要素，切不可仅仅注重某一组成要素的培养而忽略其他组成要素。

三是各组成要素培养的针对性问题。劳动素养各组成要素有不同的概念内涵和教学目标，概念和目标的不同决定了各组成要素的培养路径不同。为此，要在充分把握各要素概念内涵以及教学目标基础上，针对各要素的内在规律和发展过程采取不同的教学策略，努力在保证各要素充分发展的基础上促进劳动素养的全面、协调、统一发展。

（四）课程实施的若干关键性问题

以往中小学劳动教育课程标准均详细说明了“实施本大纲应注意的系列问题”，新课程标准（2022 年版）虽也有相应表述，但为了更为清晰地把握中小学劳动教育的主要矛盾及内在规律，今后的中小学劳动课程标准在课程结构方面亦可恢复“实施本课程应注意的系列问题”，具体可包含以下内容。

一是避免有劳动无劳动教育现象。劳动教育的本质是通过组织参加多种劳动实践活动来全面培养受教育者的劳动素养，在这个过程中，劳动实践活动是教学手段，劳动过后的“教育”才是最终目的，既积极组织受教育者参加多种劳动活动，并且在劳动过程中、劳动过后有目的地对受教育者进行“教育”，使劳动教育真正得以实现。

二是劳动心得的体会与内化问题。没有将劳动心得进行体会与内化就不会产生良好的劳育效果。劳动教育的真正实现就是要努力帮助受教育者将在劳动过程中所学到的劳动观点、劳动情感、劳动态度进行体认与内化，从而使受教育者懂得劳动活动在个人成长、社会发展中的重要价值。

三是劳动教育参与的积极性问题。在任何一项教学活动中，受教育者永远是学习的主体，在教学过程中永远发挥着主体性作用。① 劳动教育中，充分调动受教育者参与各项劳动活动的积极情感，既是劳动教育高质量发展的必要保证，也是充分发挥教师主导作用的重要前提。

---

① 全国十二所重点师范大学联合编写《教育学基础》，教育科学出版社，2012，第 147 页。

四是劳动教育的独立课程地位问题。劳动课程单独增设能确保学校劳动教育真正得以实现。另外，独立的课程地位不仅是制定劳动课程标准的重要前提与保证，同时也能保障学校劳动教育的课程时数，从而充分发挥学校劳动教育的主导作用。

（五）尽快制定高中劳动课程标准

2020年7月，教育部印发21世纪以来的第一份劳动教育实施纲要，指出要建立大中小学劳动教育体系，小学和初中劳动课程标准已于2022年4月印发，而高中课程计划也已将劳动课在高中课程体系中单独增设。为此，要尽快制定新高中劳动课程标准，努力构建系统、科学、连贯的中小学劳动教育课程标准体系。

从中小学劳动教育历史演变史来看，我国有较为完善的小学和初中劳动教育课程标准体系。例如，教育部分别于1987年、1988年、1992年和2022年制定初中、小学劳动教育课程标准，课程标准的印发有效保证了初中和小学劳动课程的顺利开展。相较而言，教育部仅于1987年以及1997年制定了高中劳动教育课程标准，而21世纪后通过的高中教学方案和课程标准（2001年版和2017年版）均没有将劳动课程单独开设且没有对劳动课程标准作出规划，这一现象直到教育部印发修订版高中课程计划才得以极大改变。2020年5月，教育部印发修订版高中课程计划（2017年版2020年修订），[①] 课程计划的一项重要内容就是再次将高中劳动课单独增设，这是21世纪以来第一次在高中课程计划中恢复劳动课的独立课程地位。恢复劳动课的独立课程地位是普通高中劳动教育迈出的重要一步，同时也为新高中劳动课程标准的印发奠定了坚实的现实基础。

因此，为使我们的中小学劳动教育体系更加系统健全，新时期我们要继续通过理论与实践研究加深对普通高中劳动课的研究，努力在紧抓高中生身心发展需求以及高中劳动课独有特点的基础上尽早印发高中劳动课程标准，以此更好地落实中小学劳动教育工作、全面培养德智体美劳全面发展的社会主义建设者和接班人。

① 《教育部关于印发普通高中课程方案和语文等学科课程标准（2017年版2020年修订）的通知》，教育部网站，http：//www.moe.gov.cn/srcsite/A26/s8001/202006/t20200603_462199。

四　结语

劳动课程标准是关于劳动课程教学内容的指导性文件，在劳动教育发展的过程中发挥着重要作用。新时期，我们应在新课程方案（2022 年版）指导下坚定执行新劳动课程标准，坚持中小学生劳动素养的全面培养，关注劳动心得的体会与内化，调动受教育者参与劳动课程的积极性。另外，我们还要在充分把握中小学劳动教育本质规律的基础上做好新劳动课程标准的完善、高中劳动课程标准的制定等系列工作，力求在紧抓中小学劳动教育主要矛盾的基础上高质量、高标准落实中小学劳动教育工作。

（编辑：党印）

Research on the Evolution of Labor Education Curriculum Standards in Primary and Secondary Schools Since the Reform and Opening Up: History, Characteristics and Reflections

Li Dongxu, *Fan Xiaowen*

Abstract: Since the reform and opening up, the curriculum standards of labor education in primary and secondary schools have gone through the stages of historical development of start, improvement, interruption, and sailing again. There are also various changes in the expression of goals, curriculum content, and overall structure. In the new era, we should firmly implement the new labor curriculum standards under the guidance of the new curriculum plan (2022 version), and at the same time, we must fully grasp the essence of labor education in primary and secondary schools. On the basis of laws, we will continuously improve the new labor curriculum standards, adhere to the comprehensive training of labor literacy, focus on a series of key issues that should be paid attention to in labor practice, and formulate labor curriculum standards for high school as soon as possible. Quality and high standards implement labor education in primary and secondary schools.

Keywords: Labor Education; Labor Education in Primary and Secondary Schools; Curriculum Standards; Labor Curriculum Standards

新时代高职院校劳动教育的挑战、新内涵及实施策略*

刘升忠

【摘　　要】新时代科学技术飞速发展，科技劳动、管理劳动等劳动成为创造价值的重要形式，曾经异化的劳动及其功能逐渐回归其本质。面对新挑战，高职院校在开展劳动教育时，应以“培育积极向上的劳动精神、认真负责的劳动态度与正确的劳动价值判断力创造力”为主要目标，精心设计教育评价指标，通过劳动教育融入专业课程这一主渠道，在生产、生活、服务性实践活动中训练与培育学生新时代劳动技能和劳动价值观。

【关 键 词】劳动形态；劳动功能；劳动教育

【作者简介】刘升忠，广州工程技术职业学院大学生职业发展研究中心副主任，高级职业指导师，主要研究领域为职业指导、劳动教育。

随着人工智能技术与网络空间虚拟系统的广泛应用，人们逐渐步入工业4.0智能化时代。在这一新时代，人们的劳动形态由以手工劳动、机器劳动为主逐渐发展为以智能劳动为主，科技劳动、管理劳动等智慧性劳动逐渐成为创造价值的主要形式。与此同时，科学技术飞速发展带来物质财富的快速积累以及社会主要矛盾的转化，也对劳动功能带来极大变化。现代科学技术的发展极大地提升了生

* 本文系2020年广州市教育科学规划重点课题“校本资源视阈下的高职院校劳动教育课程资源开发与实施研究”（项目编号：202012504）、2020年广州教育政策研究重点课题“高职学生劳动素养评价体系研究”（项目编号：ZCYJ20123）阶段性研究成果。

产力水平，人民群众对于日益增长的“物质文化需要”层次更高、内容范围更广，而且在民主、法治、公平、正义、安全、环境等方面的要求日益增长。劳动正由“维持肉体生存需要的一种手段”，逐渐还原其本质的功能：“创造对象世界、改造无机界，证明自己是有意识的类存在物”①。面对新时代前所未有的挑战，高职院校只有直面新挑战、把握新内涵、实施新策略，积极开展劳动教育改革，才能培养出适应新时代要求的劳动者。

一 新时代高职院校劳动教育面临的挑战

在新时代，科学技术飞速发展和社会主要矛盾的深刻变化给高职院校劳动教育带来了全新的挑战。只有把握这些新趋势、新变化，才能为高职院校开展劳动教育带来新的思路。

（一）科学技术飞速发展改变劳动形态：科技劳动、管理劳动等劳动成为创造价值的主要形式

人类经历工业1.0即蒸汽机时代、工业2.0即电气化时代、工业3.0即信息化时代之后，目前正利用人工智能技术和网络空间虚拟系统促进产业变革进而步入工业4.0即智能化时代。在这一新时代，经济发展动能主要是数据和信息，通过自动化技术，从规模经济转向范围经济，以同质化规模化的生产构建出异质化定制化的产业；由集中式控制向分散式增强型控制的基本模式转变，基于AI的网络技术、处理技术、用户界面技术和安全性技术等组建一个高度灵活的个性化、数字化、智能化的产品与服务的生产模式来促进整个经济的发展。② 随之而来的就是人们的劳动形态由手工劳动、机器劳动为主逐渐发展为以科技劳动为主。与此同时，随着信息技术的不断发展，人们学习、生活、工作的形态也发生着巨大的变化：线上学习、生活、工作形态比重大幅提升。为此，人们为客户、组织劳动服务的时空也由线下、固定时间为主转向线上、全天候为主，新劳动形态下的管理创新将逐渐成为组织效能提升的重要方式。科技劳动、管理劳动等智

① 《马克思恩格斯全集》第3卷，人民出版社，1995，第273页。

② 〔德〕乌尔里希·森德勒：《工业4.0：即将来袭的第四次工业革命》，邓敏译，机械工业出版社，2014，第23页。

慧性劳动逐渐处于中心地位，成为创造价值的主要形式。为此，劳动者不仅要具备专业领域的技术技能，而且要具备相应行业智能劳动普遍需要并要求日渐提高的基本数字技能、编程技能、网络安全管理技能等，具备分析能力、沟通技巧、将数字信息应用于客户的能力，以及更好更敏捷的管理、领导与价值判断技能。①

当前，在工业 4.0 时期，生产商品仍是最重要的劳动内容，为此，生产劳动还是主要的劳动形态。但随着人工智能技术、网络虚拟系统的不断成熟，机器逐渐发展到智能“机器人”的水平，众多生产岗位由人工智能设备替代，生活劳动、服务性劳动所占比重逐渐增多：一方面，智能化工业机器人在制造业广泛使用，越来越多的劳动者将“被迫”从事生活劳动或服务性劳动；另一方面，人工智能等科学技术的飞速发展极大地加速了社会物质财富的积累，人们有更多的精力和时间用于闲暇，进而“在改造对象世界的过程中真正地证明自己是类存在物”②。与此同时，科学技术上的新发现、新发明推广运用到生产中的周期缩短，劳动者的在职学习成为劳动的一种特殊形态。当然，由于技术的发展是一个渐进的过程，新的劳动形态取代旧的劳动形态也将会是一个柔性转换、逐步替代、有限替代的过程。也就是说，生产劳动、生活劳动、服务性劳动将长期处于三足鼎立的状态。这一发展变化，同时给组织开展劳动管理带来新的挑战：传统的管理意识、管理模式、管理手段不再适应科学技术飞速发展下的劳动形态，具备全新的管理劳动能力成为组织健康发展的必备条件。

作为培养高素质劳动者和技术技能人才的高职院校，在实施劳动教育时，面临的上述挑战更大。一方面，受高职院校是培养能工巧匠的，学生无须具备太多的科技劳动、管理劳动能力等传统思维的影响，在办学指导思想上就可能出现对科技劳动、管理劳动技能培养的不重视；另一方面，科学技术飞速发展改变劳动形态，导致整个社会的人才需求都发生了改变，但从事生产、服务第一线高素质技术技能人才与其他类型的人才有何区别，也是高职院校开展劳动教育时首先要解决的问题。

---

① 毕文健：《新时代劳动形态下劳动者及劳动教育的新审思》，《职教通讯》2020 年第 6 期。

② 《马克思恩格斯全集》第 3 卷，人民出版社，1995，第 274 页。

（二）社会主要矛盾的转化改变劳动的功能：劳动逐渐成为促进劳动者实现自我价值、维护社会公平正义民主自由的驱动力量

经过40多年的改革开放，尤其是党的十八大以来我国在政治、经济、社会、文化、生态文明等方面取得了历史性的成就与发展，我国社会生产方式已迭代升级，劳动者实现美好生活的条件已由“改变落后的生产方式”转化为“改变不平衡不充分的发展状况”。为此，社会主要矛盾也由“人民日益增长的物质文化需要同落后的社会生产之间的矛盾”转化为“人民日益增长的美好生活需要和不平衡不充分的发展之间的矛盾”。

在“人民日益增长的物质文化需要同落后的社会生产之间的矛盾”的历史时期，人们在劳动中，主要是谋求更高薪酬、更好福利、更优工作条件的岗位，以期通过劳动来改善自己的生存、生活等物质条件。如此条件下，“劳动所生产的对象，即劳动的产品，作为一种异己的存在物，作为不依赖于生产者的力量，同劳动相对对立”[①]。劳动被异化为谋生的手段，使其“在不劳动时觉得舒畅，而在劳动时就觉得不舒畅。因此，他的劳动不是自愿的劳动，而是被迫的强制劳动”[②]。

随着进入“人民日益增长的美好生活需要和不平衡不充分的发展之间的矛盾”的新时代，生产力得以高度发展，生理、安全等基本物质需求已逐渐由国家作为福利给予基本保障，甚至部分原生家庭通过前期积累，有些适龄成员根本不需要参加劳动，就能为其提供“衣食无忧”的物质生活。因此，劳动的功能发生了根本性的改变：劳动这种生命活动、这种生产生活不再是维持肉体生存需要的一种手段，而是创造对象世界、改造无机界，证明自己是有意识的类存在物的一种实践。[③] 劳动的对象成为人的类生活的对象化：人不仅像在意识中那样在精神上使自己二重化，而且能动地、现实地使自己二重化，从而在他所创造的世界中直观自身。[④] 也就是说，虽然仍需通过劳动解决发展不充分的问题，但通过劳动解决发展不平衡的问题以维护社会公平正义、民主自由，成了新时代劳动功

① 《马克思恩格斯全集》第3卷，人民出版社，1995，第267页。

② 《马克思恩格斯全集》第3卷，人民出版社，1995，第270页。

③ 《马克思恩格斯全集》第3卷，人民出版社，1995，第273页。

④ 《马克思恩格斯全集》第3卷，人民出版社，1995，第273~274页。

能更为重要的立足点，即劳动作为谋生手段解决人物质需求的功能越来越弱，“劳动成为人的第一需要”，其将逐渐成为解决人精神需求的手段：通过劳动实现社会的公平正义、民主自由。

总之，新时代科学技术的飞速发展改变着劳动的形态，科技劳动、管理劳动等智能性服务劳动逐渐成为创造价值的主要形式；社会主要矛盾的转化改变着劳动的意义，劳动不再是人们追求更好物质生活的手段，越来越多的人期望在创造对象世界、改造无机界促进人类进步中，实现自己更大的人生价值。与此相适应的是，劳动的功能也不仅是为社会提供更充分的发展，而且还需通过劳动改变社会发展不平衡的问题，以维护社会公平正义、民主自由。

面对上述新变化新形势，高职院校不得不深入思考以下问题：“劳动教育的价值”——是帮助学生掌握一门或几门谋生的手段，还是帮助学生在改变世界创造世界中成就独一无二的自己；“劳动教育的内容”——是以专门性的劳动知识与技能为主，还是创造性劳动能力、劳动观培育训练模块更为重要；“劳动教育的方式”——是强化专业教育，还是突出劳动教育的思政属性；等等。

二　高职院校劳动教育的新内涵

随着人工智能技术、网络虚拟空间系统等科学技术给劳动形态带来的变化，以及社会主要矛盾转化给劳动功能带来的新定位，新时代高职院校劳动教育在教育目标、内容、方法、评价等方面呈现出以下新内涵。

（一）教育目标：由“培养劳动技能为主”转变为在“加强劳动技能培养的同时，注重培育劳动价值判断力创造力、积极向上的劳动精神和认真负责的劳动态度”

教育目标是实施劳动教育的指针。在社会生产落后导致的物质条件比较匮乏的情况下，社会主要矛盾表现为“人民日益增长的物质文化需要同落后的社会生产之间的矛盾”，劳动的功能主要是通过劳动获取报酬以满足生理、安全等物质方面的需求。为此，教授学生一门劳动技能以获得谋生手段就成为高职院校劳动教育的最主要目标。基于这一目标，在开展劳动教育时，高职院校根据学生所读专业的特性通过设置相关专业技能课程，经过在校两三年的专业技能训练，以使学生获得谋生的手段即掌握一定的劳动技能。

进入新时代后，一方面，我国的社会生产得到前所未有的发展，至2020年已全面实现小康，人们的生存、安全等低层需求已得到基本保障，劳动不仅是人们谋生的手段，更为重要的是通过劳动过上得到尊重、自我实现的“美好生活”成为劳动最大的价值，因此拥有“判断什么是美好生活”的能力成为劳动教育的重中之重；另一方面，人工智能技术的广泛应用以及科学技术迭代周期的缩短，人工智能技术所制造的智能机器人将逐步替代仅靠熟练技术而维持的生产、服务性工作岗位人员，拥有一门熟练劳动技能变得难以让劳动者实现一生的人生价值，这也使得劳动教育必须聚焦学生创造性劳动能力。除此之外，由于职业院校毕业生大多就业于生产与服务第一线，具备积极向上的劳动精神和认真负责的劳动态度也至关重要。

为此，新时代高职院校劳动教育的目标应由“培养劳动技能为主”转变为在“加强劳动技能培养的同时，注重培育劳动价值判断力创造力及劳动价值观”，着力于让学生了解自己的职业锚，形成正确的劳动价值判断力创造力、积极向上的劳动精神和认真负责的劳动态度，进而使自己在创造对象世界改造无机界中获得快乐、取得实现自我的成就感。

（二）教育内容：由“以生产劳动技能为主、以劳动价值观为辅”调整为“以劳动价值观培育为核心训练生产、生活、服务劳动技能”

在手工劳动形态下，拥有更好体能的劳动者具有更好的发展机会；在机器劳动形态下，拥有更好技能的劳动者获得更好的进阶机会；在以智能劳动形态为主的新时代，劳动者不仅要掌握一定的技能，还需具有价值判断的智慧，后者可能比前者更为重要。[①] 因为人工智能技术的飞速发展，不仅使技术转化为生产力的周期大大缩短，同时机器的自学及技术能力也使技能在劳动中的作用大大降低。劳动者只有具备在复杂条件下的自我分析、自我学习、自我决策等价值判断能力及创造性劳动能力，才能适应新时代的智能劳动形态。这也导致基于体力的生产劳动岗位逐渐萎缩，而基于脑力的服务劳动岗位逐渐增多。

与此同时，随着社会生产力的发展，满足劳动者的物质需求将逐渐不再是劳

① 刘升忠：《你get到了大学学习的进阶方式吗》，《中国大学生就业》2021年第4期。

动的主要功能；实现社会交往、尊重、自我实现等精神层面需求，越来越成为劳动最重要的功能：劳动者在促进社会进步中获得实现人生价值的通道，将成为劳动最重要的功能。另外，工业 1.0~3.0 时代工作与生活是截然分开的，看护婴幼儿、护理老年人、打扫家庭卫生等常常作为生活服务技能而存在，不参与社会生产，这些劳动是为自身或家庭的维系而必须付出，无法获得经济报酬。然而，由于社会财富的不断积累以及网络虚拟系统的广泛应用，工业 4.0 时代工作与生活界限变得模糊。比如，以前作为兴趣爱好的生活服务技能如篮球、唱歌、滑板等，正成为可为他人提供需求满足的生产服务技能，即为他人或组织提供服务从而获取经济报酬的劳动技能，也就是说生产服务技能与生活服务技能的界限越来越不明显。

为此，高职院校劳动教育的内容也应由“培养学生生产性劳动技能”转变为“在生产、生活、服务三位一体劳动技能训练中，培育学生劳动价值观”，也即通过“生产、生活、服务劳动技能训练”帮助学生明确、找到实现自己人生价值的方法，形成“劳动不是被迫的，而是实现自己人生价值的方法”等正确的劳动价值观。在新时代，由于知识迭代的速度越来越快，与生产、生活、服务劳动技能相比，一方面，劳动价值观的培育更为重要，只有具备良好的劳动意识、劳动精神、劳动价值判断，才能让人们拥有学习劳动技能的意识及能力，进而使劳动技能跟上时代潮流；另一方面，与生产劳动技能相比，生活、服务劳动技能同等重要，人工智能、机器人技术的不断发展，人们将逐渐从生产劳动中解放出来，生活、服务劳动的时间会越来越多，拥有良好的生活、服务劳动技能将成为“过上美好生活”的必备条件。

（三）教育方式：由“专业教育即是劳动教育”转变为“以劳动教育融入专业课程为主渠道，大力拓展志愿服务等劳动实践”

在工业 1.0~3.0 时代，社会生产比较落后，社会主要矛盾表现为人们日益增长的物质文化需要与落后的社会生产之间的矛盾：通过劳动教育提升专业劳动技能，进而在劳动力市场获得更大的优势以取得职业发展，成为教学最重要的目标。为此，高职院校大多秉持“专业教育即为劳动教育”或专业教育是劳动教育最重要一部分的思路，着力培养学生劳动专业技能；劳动精神、劳动态度、劳动价值观等则被视为思想政治教育内容的一部分，以期通过《大学生职业发展与就业指导》《思想道德与法治》等课程来培育。

由于教育方式采用“专业教育即为劳动教育”、劳动技能与劳动价值观培养两张皮的模式，劳动教育不尽如人意，一些高职院校毕业生中不同程度地出现不珍惜劳动成果、不想劳动的现象。与工业1.0~3.0时代社会经济发展主要依靠劳动者的显性技能不同，依托人工智能技术与网络虚拟系统的工业4.0智能化时代的社会经济发展，着重依靠的是劳动者的自我学习、价值判断、情绪管理等隐性智慧；而上述隐性智慧的习得，“熏陶”才是最好的方式，也就是说，创造性劳动能力、劳动价值判断能力等智慧最主要靠在劳动实践中养成，而非专门劳动思想课的讲授。

为此，一方面，高职院校应改变当下劳动技能与劳动价值观分开培养的方式，将劳动价值观模块通过设计，使之融入专业课程的劳动技能训练活动之中，如此才能提升劳动价值观的培育效果；另一方面，高职院校还应针对生活与服务劳动在劳动形态中的比重逐渐增大的状况，由学工处、团委等学生工作部门牵头，大力拓展志愿服务、“三下乡”活动、创业大赛、假期家庭服务等社会实践，使学生在生活与服务劳动技能训练过程中提升劳动价值判断力。

（四）教育评价：由“将劳动技能掌握程度作为核心指标”转变为“将劳动价值判断力创造力、劳动精神和劳动态度作为核心指标”

在社会主要矛盾表现为人们日益增长的物质文化需要与落后的社会生产之间的矛盾时，拥有更熟练的劳动技能才能在劳动市场获得更好的发展机会进而促进社会生产方式变革，为此，高职院校劳动教育在评价指标这一指挥棒的设计上，必然将劳动技能的掌握程度作为最核心指标，以指引教师在教育上注重学生劳动技能的培养，引导学生在学习上注重劳动技能的训练。这样的后果就是，近年来毕业生在劳动中出现不诚信、不珍惜、没担当等现象。

与此同时，工业4.0智能化技术在越来越多的行业、领域被广泛应用，仅靠熟练劳动技能的生产、服务岗位逐渐被人工智能设备所替代。劳动价值判断力创造力、积极向上的劳动精神和认真负责的劳动态度，已成为适应新时代劳动要求最重要的素养。为此，基于新时代劳动教育目标、内容、方式的改变，高职院校劳动教育评价必然应做出相应的调整。

在谋生为主要功能条件下，高职院校劳动教育以提升学生劳动技能为目标。为达成这一目标，教育评价上必然把围绕“劳动技能”掌握程度作为最核心的指标来开展，以促进师生均朝着教育目标努力。新时代劳动教育围绕“以培育劳动价值判断力创造力、劳动精神和劳动态度为主”这一目标调整教育内容之后，教育评价自然应由重点关注学生“劳动技能掌握程度”转变为学生“劳动价值判断力创造力、劳动精神和劳动态度”，以引导学生适应工业 4.0 智能化时代的劳动形态。

三　新时代高职院校劳动教育的实施策略

基于新时代劳动教育在教育目标、内容、方式、评价等方面的新内涵，高职院校应在以下方面着力开展教育改革，进而适应科学技术飞速发展、社会主要矛盾转化给劳动教育带来的新挑战。

（一）以劳动实现人生价值、促进社会进步为目标开展教育设计

随着社会生产的飞速发展，物质财富积累越来越多；劳动的功能逐渐由“谋生”转化为“在创造对象世界、改造无机界中实现自我发展及人生价值”。高职院校在开展劳动教育时，应紧扣这一趋势，以帮助学生在自我发展及人生价值实现中促进社会进步为目标进行教育设计。

1. 以帮助学生实现全面发展为目标进行劳动教育的顶层设计

所谓顶层设计，是指从全局的角度，对某项任务或者某个项目的各方面、各层次、各要素统筹规划，以集中有效资源，高效快捷地实现目标。张丽虹指出，劳动教育应从机制保障、经费保障、课程保障、人员保障、评价保障等方面进行顶层设计。[①] 为此，高职院校应对劳动教育的课程、师资、制度、评价等进行全方位优化。课程上，不仅以必修课的方式开设生产性劳动技能课程，同时也以选修课的方式广泛开设生活、服务性劳动技能课程；师资上，不仅配备专门性的劳动教育教师，而且注重对专业教师进行劳动教育方面的师资培训，使之能清楚科学技术飞速发展及社会主要矛盾转化对劳动价值、功能产生的颠覆性影响；教学管理制度上，由围绕“劳动技能”培养转化到“劳动价值观”培育来进行重新设计，所有与之不相适应的制度都进行重新规划；教育评价上，从“劳动精神

① 张丽虹：《劳动教育要做好顶层设计》，《中国教师报》2020 年 10 月 28 日。

劳动态度”“劳动价值判断力创造力”“生产、生活、服务性劳动技能”三个一级指标进行构建；等等。

2. 以明晰劳动的新功能促进学生对人生价值的认知

进行劳动教育设计时，高职院校应紧紧围绕劳动的功能逐渐“由谋生转化为在创造对象世界、改造无机界中实现人生价值及社会进步”这一趋势，在教育内容、方式、评价等方面进行调整，以引导学生形成适应工业4.0智能化时代的劳动价值观。教育内容上，增加劳动功能转化的原因分析，将过去那种“为了谋生才劳动，劳动是被迫的”刻板印象产生的历史背景揭示出来，进而分析新时代科学技术的飞速发展、社会主要矛盾的转化给劳动者带来的巨大变化，使学生明晰新时代劳动的功能：在促进人类进步及发展的实践中实现自我发展及人生价值；教育方式上，精心开发与设计学生喜闻乐见的劳动实践活动，使其在活动中充分享受劳动的乐趣以及取得劳动成果之后的成就感；教育评价上，将价值观培育情况作为重要的考核指标，引导学生形成正确的劳动观，让学生明白劳动不仅是创造社会财富的手段，更是在促进人类进步及发展的实践中实现自我发展及人生价值的手段。

（二）劳动价值判断力创造力、劳动精神和劳动态度培养贯穿教育全过程

不可否认，新时代的高职院校毕业生仍需精湛的劳动技能，但工业4.0智能化时代科学技术飞速发展带来的转化周期缩短以及物质财富的快速积累，劳动价值判断力创造力比过去任何时代都显得重要。只有拥有正确的劳动价值判断力创造力、积极向上的劳动精神和认真负责的劳动态度，才能使劳动者真正得到自我实现并促进社会进步。

1. 劳动教育课程以培育积极向上的劳动精神及认真负责的劳动态度为目标

为什么众多一线劳动者能在平凡的工作岗位成就自己的一番事业并为国家社会的发展贡献自己的一番力量，总结起来，就是他们之中很多人具有“爱岗敬业、争创一流、艰苦奋斗、勇于创新、淡泊名利、甘于奉献的劳模精神，崇尚劳动、热爱劳动、辛勤劳动、诚实劳动的劳动精神，执着专注、精益求精、一丝不苟、追求卓越的工匠精神”①。作为培养一线劳动者的高职院校，应当将新时代劳模工匠所具备的积极向上的劳动精神、认真负责的劳动态度作为教学目标，开

① 习近平：《在全国劳动模范和先进工作者表彰大会上的讲话》，《人民日报》2020年11月25日。

展劳动教育课程。例如，在专门的劳动教育课程中，采用案例法讲述劳模精神、劳动精神、工匠精神的内涵及价值所在，主动邀请相关专业领域的劳动模范、行业巨匠，积极参与劳动教育相关环节，通过行为示范、课堂宣讲等方式，强化学生积极向上的劳动精神面貌；在“三下乡”、暑期社会调研、见习实习等劳动实践中，使学生在活动中养成认真负责的劳动态度；在专业课程的课程思政教改中，全面落实课程思政，作为培育学生积极向上的劳动精神、认真负责的劳动态度的重要渠道。

另外，科学技术飞速发展带来的物质财富的快速积累，以及网络虚拟系统的广泛使用，在家办公及生活劳动技能也逐渐成为人们实现人生价值的方式之一。为此，在教育内容的选择上，高职院校还应对生活劳动技能相关模块做出合理安排，以适应新时代劳动形态的改变。

2. 劳动教育内容培育学生劳动价值判断力创造力

教育目标的实现，还需借助教育内容这一载体。劳动教育内容的选择上，高职院校应以培育学生积极向上的劳动精神、认真负责的劳动态度及劳动价值判断力创造力来构建劳动教育内容。一方面，以马克思劳动理论构建劳动价值观内容体系。例如，在“商品二重性”的辨析中，不仅可提升学生劳动价值判断能力，同时也让学生明白劳动成果“商品”的价值来自劳动者劳动的付出，而非制造“商品”的原材料、资本等；在“劳动二重性”的分析中，通过探析“具体劳动”与“抽象劳动”，使学生更加清晰工业 4.0 智能化时代，为什么看似比体力劳动还轻松的科技劳动、管理劳动等智慧性劳动岗位，待遇还更高。与此同时，工业 4.0 智能化时代，技术迭代周期大大缩短，像工业 1.0~3.0 时代仅靠掌握一门劳动技能就基本可实现一生的职业梦想已不太可能。劳动者必须具备创造性劳动能力，也就是在掌握一定劳动技能的基础上，仍能通过自我分析、自我学习、自我决策，紧跟技术迭代以实现自我劳动技能的迭代。为此，与创新创业教育相结合，在劳动教育课程中渗透创新创业教育，也是劳动教育课程建设的一个重要路径。

（三）依托专业技能实训培育劳动价值观

高职院校一直重视劳动教育，培养出了一大批高端技能型人才，助力我国成为世界的制造中心。然而，由于高职院校普遍存在重劳动技能培养，轻劳动精神、劳动态度等劳动价值观培育，近年来其毕业生不同程度地出现不珍惜劳动成果、不想劳动等现象。[①] 为此，在通过专业教育训练提升学生劳动知识技能的同时，必须注重学生劳动价值观的培育，才能确实促进提高高职院校人才培养质量。

1. 以新时代劳动劳模工匠精神融入专业课程的模式开展教育改革

当前的劳动教育要不采用只聚焦了劳动技能培养的专业课程教学，要不就专门开设聚焦劳动价值观培育的劳动理论课程方式，造成劳动技能培养与劳动价值观培育两张皮的状况。在高端技能型人才目标指引下，高职院校教育教学的主阵地必然是专业课程，也就是说专业课程仍是劳动教育的最重要载体。为此，高职院校劳动教育重点要改革的是，以教育部课程思政纲要精神为指导，通过精心设计，真正落实将新时代劳模精神、劳动精神、工匠精神融入专业课程，实现劳动技能培养以及劳动价值观培育的双丰收。[②]

2. 以项目教学法等方式开展融合式课程教育教学

为使劳动技能培养与劳动价值观培育充分融合以提升劳动教育质量，高职院校可以采用项目教学的方法，根据专业课程各模块项目的技能特点，有针对性地融入相关劳动价值观教育模块，以实现两者的有机融合，而非突兀地“强行插入”。一方面，可借助最新的科学技术比如 VR、网络虚拟系统等，为学生创设众多虚拟仿真的“工作环境”，以更好地培育其创造性劳动能力；另一方面，可结合新时代社会主要矛盾转化的契机，为学生深入分析当下工业 4.0 时代劳动者应具备的主要素养，从而让其更明确劳动的价值所在。

3. 以挖掘行业劳模事迹等方式丰富融合式课程教学资源

劳动价值观培育不能也不应该是空洞的说教教育；只有依托鲜活的事例、翔实的数据等教学资源进行巧妙的设计，才能更好地得以实现。笔者认为，基于高职院校人才培养目标的定位，通过挖掘行业劳模先进事迹，以案例教学的方式开展劳动价值观培育是有效的方式。其一，高职院校的学生大多偏向于感性思维，案例教学更符合学生特点。其二，行业劳模与其未来的劳动岗位差距较小，若能多从校友中挖掘先进人物，则更容易产生共情心理。其三，行业劳模的劳动价值观基本代表着新时代的价值取向，具有很强的引领作用。

---

① 党印、咸丽楠：《服务业人才培养中融入劳动教育的内在逻辑与现实路径——以中国劳动关系学院酒店管理专业为例》，《劳动教育评论》2020 年第 3 期。

② 刘升忠：《课程思政视阈下高职院校劳动教育融入专业课程的实施策略》，《南方职业教育学刊》2021 年第 6 期。

（四）构建“三位一体”的劳动教育评价体系

教育评价作为指挥棒，影响劳动教育的实施质量。《中共中央 国务院关于全面加强新时代大中小学劳动教育的意见》（以下简称《意见》）明确指出，要将劳动素养纳入学生综合素质评价体系，加强实际劳动技能和价值体认情况的考核。根据《意见》精神及学生学段特点，高职院校劳动教育评价体系，应从“劳动精神与劳动态度”“劳动价值判断力创造力”“生产、生活、服务性劳动技能”三个一级指标进行构建。

1. 劳动精神与劳动态度评价指标体系

由于高职院校毕业生大多在生产服务第一线就业，若不注重劳动精神劳动态度的培育，更容易出现不珍惜劳动成果、不想劳动、不会劳动的现象。基于评价指标体系的引领作用，结合新时代对一线劳动者的要求，可从勤俭、奋斗、奉献三个二级指标对劳动精神进行评价，“勤俭”的具体指标可为食堂用餐的频次、校园卡每个月的消费金额等，“奋斗”的具体指标可为参与各类校园竞赛的次数等，“奉献”的具体指标可为参与志愿活动的次数、参加献血活动的次数、承担班级（宿舍）等公共事务的次数等。

劳动态度评价方面，根据当前高职院校毕业生尽责情况的调查，可从认真负责、爱岗敬业两个二级评价指标来进行设计。“认真负责”的具体指标可为学习任务的完成时间及质量、宿舍任务的完成时间及质量、志愿服务的完成时间及质量等，由此可见评价主体宜采用360度评价法来进行比较合适；“爱岗敬业”的具体指标可为职业生涯规划评价、实习单位实践反馈、兼职假期工作等，为此评价方式上采用职业测评量表来进行比较合适。

2. 劳动价值判断力创造力评价指标体系

从狭义上讲，劳动教育就是劳动价值观培育的教育。[①] 与此同时，针对当前高职院校劳动教育的现状，优化及构建科学的劳动价值判断力评价指标体系，以促进学生养成新时代的劳动、劳模、工匠精神，应是当下最重要的教改工作。劳动价值判断能力的培育是一个潜移默化的过程，为此其评价方式也应以过程评价为主的方式来进行，其二级指标可细化为劳动课程参与度、劳动实践参与度等。

---

① 檀传宝：《劳动教育的本质在于培养劳动价值观》，《人民教育》2017年第9期。

为适应工业4.0智能化时代科学技术迭代周期大大缩短的状况，通过教育评价引导学生关注创造性劳动能力培养非常重要，因为只有具备创造性劳动能力，才能适应未来岗位转化、替代等现象加剧所带来的人生影响。高职院校劳动教育的创造性劳动能力评价二级指标宜采用结果评价的方式进行，具体可为创新创业赛事名次、劳动技能大赛名次、专利获取情况、创新创业开展情况等。

3. 劳动技能评价指标体系

由于高职院校一直都注重学生劳动技能的培养，为此其指标体系相对而言比较成熟，其二级指标均可从人社部颁布的职业标准的角度进行构建。当前需要注意的是，随着物质财富的快速积累，劳动的意义及功能发生了巨大的变化，人们的劳动形态也由生产劳动一枝独秀，发展为生产、生活、服务性劳动三足鼎立的局面。为此，作为一级指标的劳动技能指标体系，应涵盖生产技能、生活技能、志愿服务技能三个方面。生产技能主要以专业知识能力为基础构建指标体系，以引导学生通过新知识、新技术、新工艺、新方法的应用，训练提升开展专门劳动所具备的技能。生活技能强调以维系家庭健康生活为目标构建指标体系，具体指标可分为衣食住行四个方面：衣物缝补妆容修饰等礼仪仪容技能、制作日常食品等烹饪技能、常用电器维修等住宅维护技能、驾驶小型汽车等行动技能等。志愿服务技能以注重培育公共服务意识与能力为重点，使学生能够在国家社会需要时将生产技能、生活技能自动转化为志愿服务技能。

四　结语

世界正处于百年未有之大变局，政治、经济、社会、文化等各方面都在激烈地发生变化，作为为国家一线岗位提供高端技能型人才的高职院校，应直面新挑战、把握新内涵，以学生为中心，从学生的人生发展及社会进步角度围绕劳动教育目标、内容、方式、评价等方面积极进行改革；与此同时，不忽略劳动对国家、社会的功能，积极引导学生通过劳动解决当下发展不充分不平衡的问题，以维护社会公平正义、民主自由。只有这样，才能真正培养出既具备精湛的劳动技能，又具有积极向上的劳动精神和认真负责的劳动态度的新时代劳动者。

（编辑：党印）

New Challenges, Connotations and Strategies of Labor Education in Higher Vocational Colleges in the New Era

Liu Shengzhong

Abstract: With the rapid development of science and technology in the new era, scientific and technological labor, management labor and other labor have become important forms of value creation; once alienated labor and its functions have gradually returned to their essence. Facing new challenges, higher vocational colleges should take "cultivating positive labor spirit, serious and responsible labor attitude and correct labor value judgment creativity" as the main goal when carrying out labor education, and carefully design education evaluation indicators. Through the main channel of integrating labor education into professional courses, train and cultivate students' labor skills and labor values in the new era in production, life, and service practice activities.

Keywords: Labor Form; Labor Function; Labor Education

新时期中小学劳动教育体系建构的价值意蕴、现实问题与核心内容

栗桂明　李　志

【摘　　要】 建构具有新时代特征的劳动教育体系是深入贯彻习近平总书记关于劳动教育的重要讲话精神，全面落实中共中央、国务院《关于全面加强新时代大中小学劳动教育的意见》要求，落实“五育并举”教育方针的必要之举和必由之路。为进一步促进新时期中小学校劳动教育的深入开展，本文在对当前中小学劳动教育体系建构的价值意蕴、现实问题进行分析的基础上，从学校开展劳动教育的内在逻辑和实际需求出发，对劳动教育体系中的理念体系、目标体系、课程体系、评价体系、实施体系等核心内容进行整体分析和总结，助力中小学建构起与时代发展相适应的劳动教育体系，促进劳动教育的深入发展。

【关 键 词】 劳动教育；目标体系；课程体系；评价体系

【作者简介】 栗桂明，京师苑（北京）教育科技研究院劳动教育研究中心主任；李志，京师苑（北京）教育科技研究院主任。

马克思在《资本论》中提出：“未来教育对已满一定年龄的儿童来说，就是生产劳动同智育和体育相结合，这不仅是提高社会生产的一种方法，而且是造就全面发展的人的唯一方法。”劳动教育具有树德、增智、强体、育美的重要价值和独特意义，需要各级各类学校在中共中央、国务院《关于全面加强新时代大中小学劳动教育的意见》（以下简称《意见》）等政策的指导下，在习近平总书

记重要讲话精神的引领下，将劳动教育做出水平、做出特色、做出实效。

新时期学校劳动教育的系统开展是一个长线工程，前期定位是否精准、目标是否明晰、课程是否丰富、评价是否落地、实施是否到位、保障是否完善等，都直接影响劳动教育的深入开展和育人实效。因此，在当前学校全面推进劳动教育的关键时期，通过文献研究和实地调研，对中小学劳动教育体系建构的意义与问题、内容与路径进行总结，为学校劳动教育的全面推进和深入发展提供助力。

一　新时期中小学劳动教育体系建构的价值意蕴

从词义上讲，体系（system）是一个科学术语，《现代汉语分类大辞典》对体系的定义是，体系是指有关事物或某些意识按其内部联系而构成的一个有系统的整体。体系是把零散的东西进行有机梳理，将其联系在一起，组成一个整体，构成一个系统。体系形成之后，将对体系中的元素和结构起到统整、整合和规范等作用。劳动教育体系是学校在一定的政策和文化的引领下，将与劳动教育相关的各要素、各环节、各部分进行有机整合，形成具有科学性、特色化和创新性的结构体系，进而起到化零为整、规范引领的重要作用。当前学校劳动教育体系建构，在国家层面是促进劳动教育全面落地的必要之举，也是学校促进劳动教育创新发展的必由之路，更是劳动教育自身充分实现以劳育人价值的必然要求。

（一）国家促进劳动教育全面落地的必要之举

2018 年 9 月 10 日，习近平总书记在全国教育大会上提出培养德智体美劳全面发展的社会主义建设者和接班人的总要求，将劳动教育提升为国民教育体系的重要组成部分，标志着劳动教育上升为国家战略，[①] 也提出了全面推进劳动教育，实现以劳育人的基本要求。《意见》中提出要全面构建体现时代特征的劳动教育体系，准确把握劳动教育基本内涵，明确劳动教育总体目标，科学设置劳动教育课程，确定劳动教育内容要求，并健全劳动素养评价制度。因此，中小学校

① 刘向兵、任国友、戴彩岩：《“劳动+学科”的显学特征可视化分析》，《劳动教育评论》2021 年第 2 辑。

全面建构符合时代发展和育人要求的劳动教育体系，是全面贯彻落实“德智体美劳”五育并举的重要方针，是扎实有效地推进劳动教育的必要举措。

（二）学校促进劳动教育创新发展的必由之路

建构劳动教育体系是学校促进劳动教育系统推进和创新发展的必由之路。新中国成立以来，在陶行知先生“生活即教育”“教学做合一”等教育思想引领下，大部分学校都具有劳动教育的光荣传统，但往往活动化、零散化、不系统，对劳动教育何以必要、何以可行、何以落实等问题[①]缺乏理性思考。学校的劳动教育因缺乏科学的理念引领、目标指引和系统评价，往往千篇一律，同质化问题严重，严重制约了劳动教育的全面发展和育人功能的良好发挥。因此，在大力推进劳动教育深化发展的重要时期，探索建构科学、特色、可行的劳动教育体系，并充分发挥体系的引领和规范作用，是中小学校促进劳动教育创新发展，形成劳动教育特色，弘扬劳动精神的内在需求和必由之路。

（三）劳动教育实现以劳育人价值的必然要求

新时代的劳动教育要树立全面的劳动教育观。[②] 在学校开展劳动教育的过程中，不仅要注重对劳动知识和技能的掌握，更要注重发挥以劳树德、以劳增智、以劳强体、以劳育美的综合育人价值。因此，新时代的劳动教育要发挥以劳育人的教育实效，就需要对劳动教育进行科学规划、整体设计和系统实施。学校要通过劳动教育体系的整体设计，将劳动教育贯穿大中小学各学段，贯穿家庭、学校、社会各方面，坚持通过劳动的教育、关于劳动的教育和为了劳动的教育，[③] 并注重手脑并用、坚持知行合一，积极探索具有学校自身文化特色的劳动教育体系。

二　新时期中小学劳动教育体系建构的现实问题

近年来，随着学校劳动教育的深入开展，劳动教育的主体性隐退和功能化缺

---

① 王东颖：《构建新时代高职院校劳动教育体系的生发逻辑及实现路径》，《中国职业技术教育》2021年第25期。

② 蒋桂芳：《新时代劳动教育观的理论探讨与实践路径分析》，《理论与评论》2021年第5期。

③ 曲霞：《新时代劳动教育的三重内涵》，《人民教育》2020年第7期。

位的问题[①]得到有效解决。但通过对相关文献的分析和实地调研，当前学校在劳动教育的整体规划和系统实施中尚存诸多问题。我们以“劳动教育体系建构”为关键词在中国知网进行检索，得到的文献数仅为18篇，2020年后发表的文献数为15篇。由此可见，《意见》发布后，对劳动教育的整体发展已引起学术界的重视和思考，但对劳动教育体系的深入研究亟待加强。有关“劳动教育体系建构”的18篇文献研究内容分析如表1所示。

表1 有关“劳动教育体系建构”的18篇文献研究内容分析

单位：篇，%

研究内容	数量	占比
劳动教育课程体系建构	6	33
劳动教育体系建构理论分析	4	22
劳动教育体系建构案例分析	8	45

2021年下半年，京师苑（北京）教育科技研究院对50所基地校（中小学）的劳动教育开展情况进行了问卷调研。从调研数据中发现，在50所学校中，仅有7所学校对劳动教育的体系进行了系统建构；12所学校已有部分体系内容，但尚未健全；18所学校初步形成了基本框架和发展规划；13所学校虽认识到劳动教育体系的重要性，但受制于各方条件，尚未着手建立；没有学校认为劳动教育体系不重要，不需要建立体系（见图1）。

本次调研虽然样本量有限，但也能从一定层面反映出当前学校劳动教育体系建构的部分现状和问题。

（一）有劳无魂，学校劳动教育理念体系建设有待加强

何云峰等在《中小学劳动教育的现状、问题及对策》一文中指出：“当前学校劳动教育普遍缺乏理念的引领和主线的贯穿，导致劳动教育陷入苍白和空洞之中，热闹的背后缺乏劳动之‘魂’。”[②] 当前，大部分学校的劳动教育面临理念缺

① 朱蓓、吕宁：《过程视角下大中小学一体化劳动教育体系构建研究》，《学校党建与思想教育》2021年第14期。

② 何云峰、宗爱东：《中小学劳动教育的现状、问题及对策》，《青年学报》2019年第1期。

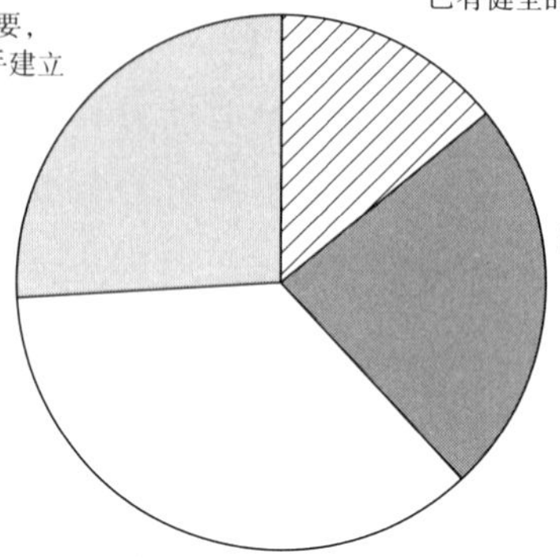

图1　50所学校劳动教育体系建构现状调查

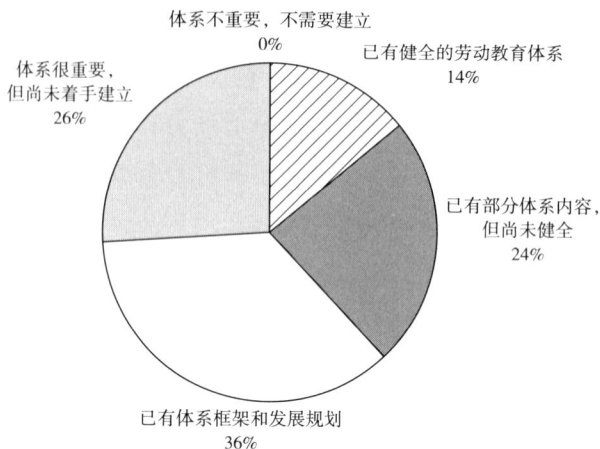

失或流于空泛、理论与实践“两张皮”的现实问题。理念是一所学校开展劳动教育的灵魂和主线。在调研的50所样本校中，仅有不到1/4的学校从自身的办学文化出发形成了特色鲜明的劳动教育理念。学校看似开展了内容丰富、形式多样的劳动活动，但热闹的背后缺乏对劳动教育的理性思考，缺乏校本精神的引领与文化主线的贯穿，导致劳动活动有劳无育、有育无魂。

（二）方向不明，学校劳动教育目标体系有待建立健全

“当前学校的劳动教育，在教育目标上不清晰，缺乏进阶性、一体化的目标体系建设，缺乏劳动课程独特育人价值的深度挖掘。”① 劳动教育目标是预期的劳动教育结果，是学校开展劳动教育的方向和追求。科学合理的劳动教育目标建立在学校实际情况的基础之上，为检验劳动教育的开展情况和教育成效提供指引和依据。在党和国家政策的要求下，劳动教育虽获得了与其他四育“平起平坐”的地位，但大部分学校还没有像其他学科一样，为劳动教育建构科学、具体、完善的目标体系，因而无法有效指导教师围绕劳动教育的目标对课程进行科学设计，制约了劳动教育实施与评价的有效开展。

① 顾建军、毕文健：《刍议新时代劳动教育课程的一体化设计》，《人民教育》2019年第10期。

（三）流于零散，学校劳动教育课程体系尚需立体建构

当前学校劳动教育看似内容丰富、形式多样，但往往是结合着社会热点或节庆节日，想起什么做什么，想到哪里做到哪里，比较零散，流于随意。这种“零敲碎打”的劳动教育，必然导致学生对劳动认知和技能的碎片化、劳动观念的浅化。同时，劳动教育存在一定的学段壁垒①，前一学段的教育内容是后一学段内容的基础，后一学段的内容是对前一学段的深化。因此，学校劳动教育课程的系统开展，需要循序渐进、整体设计，构建前后衔接、上下贯通、多域融合的“教育链”，防止各环节的零散、重复、脱节和倒挂。

（四）激励不足，学校劳动教育评价体系有待一体建设

教育评价是教育进入全面普及时期能否健康前行、科学发展的重要前提，既是思想也是方法，在新时代具有特殊意义。② 评价在劳动教育中发挥着重要的激励和促进作用，是学校开展劳动教育的“指挥棒”，是衡量学校劳动教育实效的“度量衡”，也是学校对劳动教育进行自我评估的“方向标”。然而很多学校和教师尚没有对劳动评价给予足够重视，在课程中缺乏系统、科学、有效的评价方法与评价原则的指导，尚未建立健全一体化的劳动教育评价与激励机制，没有对评价体系进行整体设计，导致学生参与劳动教育的动力不足、深度不够。

（五）机制不全，学校劳动教育综合实施体系有待完善

新时期学校劳动教育刚走过了全面发展的探索期，各项实施和保障机制尚未建立健全。学校劳动教育的开展也要树立“全员育人、全程育人和全方位育人”③ 的实施理念，需要学校充分挖掘家庭、社区和社会资源，整合各方面力量，拓宽劳动教育途径，形成协同育人实施网络。学校还要进一步建立科学完善、开放共享的劳动教育机制，如师资培养机制、资金保障机制、安全保障机制等，为劳动教育的全面深入发展保驾护航。

---

① 朱蓓、吕宁：《过程视角下大中小学一体化劳动教育体系构建研究》，《学校党建与思想教育》2021 年第 14 期。

② 马陆亭、王小梅：《深化新时代教育评价改革研究（笔谈）》，《中国高教研究》2020 年第 11 期。

③ 苗青：《“全员育人、全程育人、全方位育人”德育机制的实践探索》，《河南教育》（高教）2018 年第 4 期。

三 中小学劳动教育体系建构的核心内容

（一）理念建设，精神引领：劳动教育理念体系建构

《意见》中提出要“把准劳动教育的价值取向，引导学生树立正确的劳动观”。中小学校要高度重视劳动教育指导理念的建设，切实加强对新时代劳动教育价值内涵和精神意义的理解，并从学校内生的办学文化和育人目标出发，凝练出符合育人追求、具有自身特色的教育理念，引领并贯穿劳动教育始终，使劳动教育的开展有灵魂、有指引、有主线，促进劳动教育的全面开展与有效落地。

1. 通识性劳动教育理念建设

中小学校要以党和国家对劳动教育的指导思想和基本观念为引领，并对这些思想观念进行校本化的理解和解读，将其作为学校开展劳动教育的基本理念。

（1）将“幸福是奋斗出来的”“劳动创造美好生活”作为文化之魂

学校要以习近平新时代中国特色社会主义思想为指导，将“幸福是奋斗出来的”“劳动创造美好生活”作为“劳动之魂”，作为中心线和总主题，贯穿学生劳动教育的各个阶段、各个环节、各项内容。教师要在劳动课、综合实践活动、课后服务等环节和板块积极贯彻和有力渗透“劳动幸福观”，并通过具体的案例、人物事迹等，将劳动幸福观、奋斗价值观具体化、形象化，让学生能够触摸劳动的精神，感受劳动的意义，进而内化于心，外显于行。

（2）将辛勤劳动、诚实劳动、创造性劳动和尊严劳动作为文化之基

随着网红经济、粉丝效应的发展，广大青少年中出现了幻想不劳而获、乐享其成、抄近路走捷径的错误想法，不想劳动、不会劳动、不珍惜劳动成果的现象日益严重。因此，学校要将辛勤劳动、诚实劳动、创造性劳动作为劳动教育基本理念，让学生切实感受到美好理想只有通过辛勤劳动才能实现，幸福生活只有通过诚实劳动才能创造，创新之路只有通过创造性劳动才能铺就。同时要让学生认识到“尊严”的重要性，不能为了达成目的而损人利己丧失尊严，要有尊严地劳动和生活。

（3）将立德树人、培育和践行社会主义核心价值观作为文化之本

教育是国之大计、党之大计。必须始终坚持社会主义办学方向，坚持把立德

树人作为根本任务。[①] 当前中小学校开展劳动教育不是为了劳动而劳动，而是通过劳动达到育人的目的，实现以劳育人、立德树人。学校要将培育和践行社会主义核心价值观作为文化之本，让学生在动手实践、亲身劳作中接受锻炼、磨炼意志的同时，提高劳动精神，端正劳动态度，形成服务他人、奉献社会的道德感和责任心，树立正确的劳动价值观、世界观和人生观，并使劳动教育成为践行社会主义核心价值观的途径和载体。

2. 校本化劳动教育理念建设

在通识性的劳动教育理念指导下，各学校要从自身的办学理念和育人目标出发，基于对劳动教育的独特理解，从学生的视角出发，凝练出与学校办学文化一脉相承的劳动教育理念，并充分挖掘内涵与意义，形成学校劳动教育的顶层文化，发挥精神引领和主线贯穿的意义，并激发各劳动主体的内在活力和精气神。

学校在凝练校本化劳动教育理念时，第一，要遵循党和国家对劳动教育的指导思想和基本要求。第二，要从学校自身的教育哲学和办学文化出发，使劳动教育理念与办学理念一脉相承。第三，要符合学校的育人目标，促进育人目标的达成。第四，在表述上要具有低位视角，不要为了追求新颖独到和“高大上”而怪异难懂，要让人一看就明、一看就懂，好识易记易传播。

比如，北京市丰台区第五小学教育集团（以下简称“丰台五小”），在党和国家劳动教育政策引领下，在劳动教育理念建设中，学校从“幸福教育”的办学理念和“五自”育人目标出发，立足校史校情，内化“海燕精神”，将“做勤劳动、善付出、知感恩的幸福小海燕”作为学校开展劳动教育的核心理念，并在这一理念的贯穿下，建构起“幸福海燕”劳动教育课程体系。又如，郑州市金水区农科路小学，其是一所校风优良、作风严谨、奋发进取、蓬勃发展的现代学校，践行“灵动教育”的办学理念，以培养“明德、乐思、健体、尚美、善劳的灵动少年”为育人目标。在学校文化引领下，学校提出了“劳动，唤醒生命的美好”的劳动教育核心理念，并将其内涵进一步细化为“劳动是心灵的唤醒，是生命的旅程，是美好的人生”，形成学校劳动教育的理念体系，引领并贯穿学校劳动教育的始终。

---

① 《为什么说立德树人是新时代教育的根本任务?》，中国文明网，http：//www. wenming. cn/specials/xd/202110/t20211008_6194483. shtml。

（二）目标建设，明晰方向：劳动教育目标体系建构

目标是前行的方向和黑暗中的灯塔。劳动教育目标是由多个要素构成的集合体。① 明确的教育目标是学校选择劳动教育内容、确定劳动教育方法、检验劳动教育结果的前提和依据。目标不明会导致学校师生在开展劳动教育过程中出现盲目性、重复性、低效化等问题。因此，学校不仅要通过理念体系建构为劳动教育注入灵魂，还要通过目标体系建构为劳动教育课程建设指明方向。

1. 明确学校开展劳动教育的总目标

《意见》从思想观念、情感态度和能力习惯三大方面指明了学校开展劳动教育的总目标，即通过劳动教育，使学生能够理解和形成马克思主义劳动观，牢固树立“劳动最光荣、劳动最崇高、劳动最伟大、劳动最美丽”的观念；体会劳动创造美好生活，体认劳动不分贵贱，热爱劳动，尊重普通劳动者，培养勤俭、奋斗、创新、奉献的劳动精神；具备满足生存发展需要的基本劳动能力，形成良好的劳动习惯；并在纵向上，对不同学段的劳动教育目标进行了规范和要求，形成各学段上下贯通、不断递进的劳动教育目标体系，为学校劳动教育的开展指明了基本方向（见表2）。

表2 普通中小学劳动教育目标基本内容

学段	总目标	分目标
小学低年级	劳动意识的启蒙	让学生学习日常生活自理，感知劳动乐趣，知道人人都要劳动
小学中高年级	卫生、劳动习惯养成	让学生做好个人清洁卫生，主动分担家务，适当参加校内外公益劳动，学会与他人合作劳动，体会到劳动光荣
初中	增加劳动知识、技能	加强家政学习，开展社区服务，适当参加生产劳动，使学生初步养成认真负责、吃苦耐劳的品质和职业意识
普通高中	丰富职业体验	开展服务性劳动、参加生产劳动，使学生熟练掌握一定的劳动技能，理解劳动创造价值，具有劳动自立意识和主动服务他人、服务社会的情怀

资料来源：中共中央、国务院《关于全面加强新时代大中小学劳动教育的意见》。

① 陆选荣：《研究构建新时代学校劳动教育体系》，《社会主义论坛》2020年第9期。

2. 梳理学校劳动教育的分目标

劳动教育目标体系的建立，既包括横向的各个劳动素养，包括劳动观念、劳动技能、劳动态度、劳动习惯、劳动精神和品质等的培养，还包括纵向的各个学段目标的设立。因此，学校一方面要将隐含在学科课程、综合实践活动之中的劳动教育目标进行梳理，使内隐的教育要素外显化，发挥劳动教育的专属育人价值；另一方面要结合不同学段学生的特点、具体的劳动教育课程，从培养学生的综合劳动素养出发，对不同学段学生在劳动观念、劳动技能、劳动态度、劳动习惯、劳动精神、劳动创新等方面的目标进行界定、梳理和建构，绘制劳动教育目标体系图谱，形成校本化劳动教育目标体系。

比如，丰台五小在《意见》和《大中小学劳动教育指导纲要（试行）》的指导下，基于"幸福教育"的办学理念和"五自"育人目标，从培养学生在劳动中的自理自立、良好习惯、学会合作、创新精神和奉献意识等出发，确立了"劳动·自立、劳动·习惯、劳动·合作、劳动·创新、劳动·奉献"的五大目标维度，并从劳动观念、劳动能力和劳动精神等领域进行二级目标和三级目标的细化分解，使学生在劳动中成长为"自立小达人""习惯小主人""合作小伙伴""创新小专家""奉献小标兵"（见图 3）。

（三）科学设置，贯通融合：劳动教育课程体系建构

1. 学校劳动教育课程开发

课程是学校开展劳动教育的主载体。学校要将传统劳动、现代劳动和未来劳动相结合，尤其要适应科技发展和产业变革，针对劳动的新形态，开展创新、创意、创造的劳动教育课程。同时，学校要充分利用各方资源，根据不同学段学生的身心发展特点，开发适宜本校师生开展的劳动教育课程。在具体的课程设置中，学校要坚持"从生活中来，到生活中去"的原则，为学生设计基于真实问题的劳动项目，让学生认识到劳动让生活更美好。学校还可根据师生的实际需求，逐渐形成可供自由选择的劳动教育课程超市或劳动教育项目库，为师生灵活开展劳动课程提供资源支持。

2. 学校劳动教育课程体系建构

学校在开发课程的过程中，必须从劳动教育的长远发展出发，从整体上进行统筹规划与科学设置，并将劳动教育课程聚散为整，形成相互关联、融合一体的

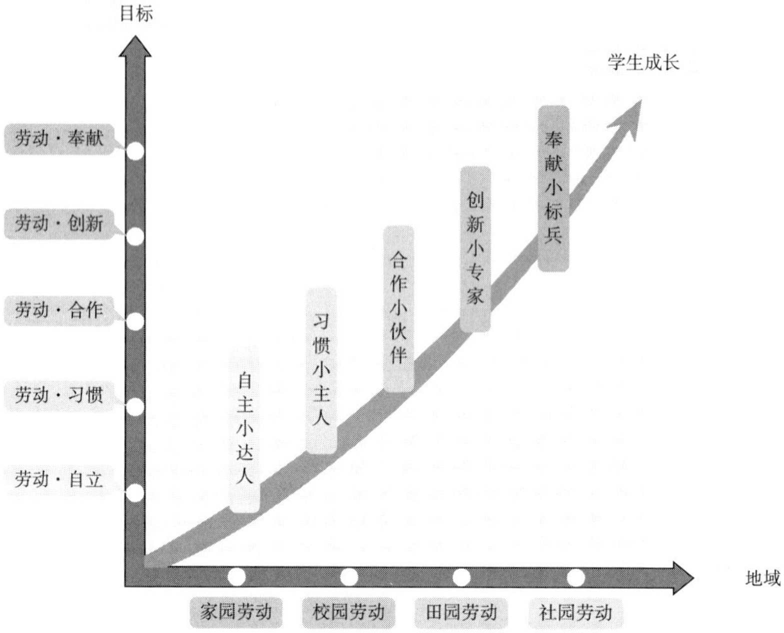

图3 丰台五小劳动教育目标体系设置示意

课程体系。《意见》中强调要“科学设置劳动教育课程，整体优化学校课程设置，形成具有综合性、实践性、开放性、针对性的劳动教育课程体系”。因此，学校在党和国家教育政策的引领下，在办学理念和育人目标的指导下，从不同的劳动领域出发，对已有的劳动教育课程进行梳理和归类，对计划开设的课程进行规划与设计，形成家、校、社三位一体，低、中、高上下贯通的劳动教育网络，建构科学系统、灵活开放的劳动教育课程体系。

比如，丰台五小从“四园”出发，围绕劳动教育的整体目标，建构指向学生成长和发展的“幸福五小”劳动教育课程体系，整体规划劳动教育开展的校本化路径，从而有目的、有计划地组织学生参加日常生活劳动、生产劳动和服务性劳动，为学校劳动教育课程的开发和实施规划了路径（见图4）。

（四）劳动教育评价体系建构

评价是深入开展劳动教育的“指挥棒”。《深化新时代教育评价改革总体方案》中指出：“加强劳动教育评价……加强过程性评价，将参与劳动教育课程学

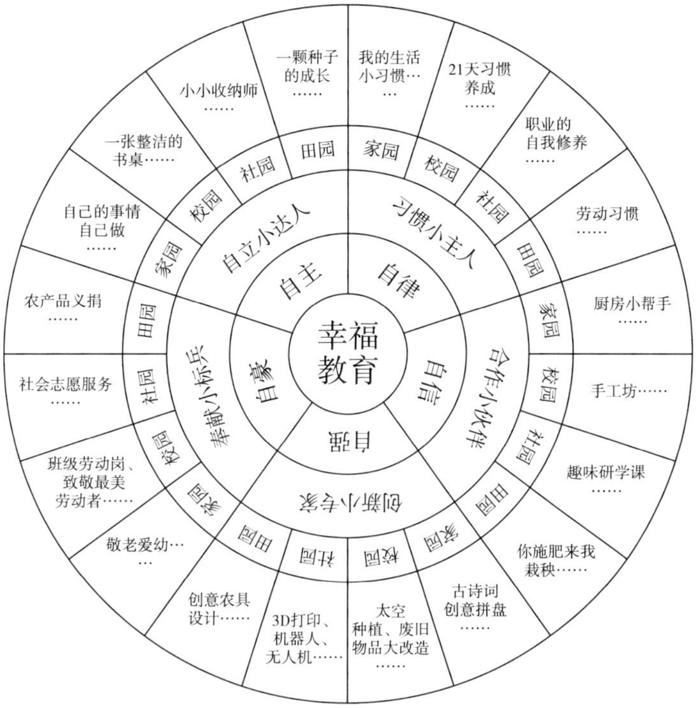

图 4　丰台五小劳动教育课程体系示意

习和实践情况纳入学生综合素质档案。”《北京市普通中小学校劳动教育督导评估方案》在学校劳动教育的 9 大方面 24 个基本点提出了基本要求。中小学校要建立健全劳动素养评价体系，在明确各学段每学年开展劳动实践的次数、时间、类型、效果等考核要求的同时，更要通过多主体参与、多方式结合、多要素综合，真正建构起一套劳动价值观视域下的劳动教育评价体系。①

1. 多主体参与，使评价更真实客观

劳动教育要重视学生的自我反思与评价，更要重视其他劳动参与者的看法与评价。通过师长评价、同伴互评、小组评价等，在为学生的劳动行为“点赞”的同时，更从侧面指出其中的问题和不足，为劳动教育实践的改进提供经验和指导。此外，坚持多主体评价，可从多个面向和角度全面了解学生劳动中的真实情况，避免单一主体评价的片面和失真。在中小学劳动教育评价中，具体评价主体

① 曲霞：《劳动价值观培养视域下的劳动技术教育课程重构》，《上海课程教学研究》2021 年第 3 期。

的选择，需根据项目发生的场域和实际参与的人员来灵活确定，在不增加学生及参与者负担的同时，通过多主体评价，激发其参与劳动的积极性，营造良好的劳动氛围。

2. 多方式结合，使评价更灵活有效

学校劳动教育评价，不仅需要多主体参与，更需要多方式结合，充分发挥过程性评价、展示性评价和终结性评价的优长，对学生进行综合性评价。

聚焦成长，加强过程性评价。学校要聚焦学生的成长，关注学生在劳动过程中的实际表现，注重对学生的劳动行为进行赏识和鼓励，对学生在劳动过程中的积极态度、参与度和感受等进行及时反馈、表扬和激励，使学生在劳动中辛苦而不“心苦”，感受劳动的快乐。学校可为学生开发《劳动者日记》《成长的足迹》评价册等，便于学生记录劳动过程，留下劳动痕迹，在激发学生对劳动的兴趣和热情的同时，作为终结性评价的有效参考。

彰显个性，注重展示性评价。展示性评价注重学生的劳动过程与劳动成果，是针对劳动的作品、表演、创意等的真实展示来进行评价。学校可以在校园环境中即时展示学生的劳动作品，还可以通过劳动技能大赛、劳动活动等进行劳动成果的展示与评价。随着教育技术的发展，学校也可以“线上+线下”的模式建立“学生作品展示平台”，通过学生投票，评选出“最佳创意奖”“最佳合作奖”“最佳技能奖”等奖项，激励学生爱劳动、乐劳动、竞劳动、尚劳动，发挥评价的激励性、互动性与自主性作用。

总结反思，重视终结性评价。终结性评价是对学生在一个模块或一个学期结束后的综合劳动表现或劳动素养进行的评价。终结性评价不是孤立的评价方式，而是与过程性评价和展示性评价有机结合，定性评价与定量评价相结合。如学校通过在劳动过程中给学生盖劳动印章、发劳动卡等形式，建立晋升机制，在学期末通过评选本学期的劳动之星，颁发奖杯、奖状、奖品等，进行总结性表彰，以及以激励性的评语加以正面总结和评价，实现人人被肯定、人人有成长、人人爱劳动，以评价促进学生劳动素养的提高。

3. 多要素综合，使评价更全面科学

劳动素养是个集合性概念，是由多个要素构成的集合体。《大中小学劳动教育指导纲要（试行）》指出：“对劳动观念、劳动能力、劳动精神、劳动习惯和品质等劳动素养发展状况进行综合评定。”因此，学校在建构劳动教育评价体系时，要综合考量学生的品德、学业、身心、兴趣、能力等多种因素，以劳动知识、劳动能力、劳动态度、劳动习惯、劳动创新、劳动精神等为维度，对学生进行综合评价。在评价维度和评价要素上，学校可从自身的劳动教育的理念和目标出发，进行细化或综合化处理。多元化、多维度的评价要素和评价内容，避免了单一要素的局限性，可以更加科学与全面地对学生进行综合考量，激发学生劳动的积极性，促进学生的全面发展。学校劳动素养评价（示意）如表 3 所示。

表 3　学校劳动素养评价（示意）

<table>
<tr><td rowspan="4">评价维度</td><td colspan="6">过程评价</td><td colspan="2">终结评价</td><td colspan="2">总评</td></tr>
<tr><td>劳动观念</td><td>劳动精神</td><td>劳动知识</td><td>劳动技能</td><td>劳动习惯</td><td>劳动品质</td><td rowspan="2">班内成果展示</td><td rowspan="2">校内成果展示</td><td>得分</td><td>等级</td></tr>
<tr><td>认同劳动
尊重劳动
热爱劳动</td><td>勤俭节约
敬业奉献
开拓创新</td><td>安全知识
技术知识
使用工具</td><td>设计能力
操作能力
协作能力</td><td>自觉劳动
安全劳动
坚持劳动</td><td>诚实守信
吃苦耐劳
珍惜成果</td><td rowspan="2"></td><td rowspan="2"></td></tr>
<tr><td>10 分</td><td>10 分</td><td>10 分</td><td>10 分</td><td>10 分</td><td>10 分</td><td>20 分</td><td>20 分</td></tr>
</table>

（五）学校劳动教育的实施体系建设

实施体系是劳动教育从高位建构到发挥实效的关键，是劳动教育开展的主要路径和基本保障。学校劳动教育的实施要坚持教育与生产劳动相结合，加强学科融合，协同育人，并营造劳动光荣、创造伟大的文化氛围；同时，学校劳动教育需要加强师资建设、空间建设、制度建设等保障措施，从资源和制度上全面促进新时期劳动教育的有效开展。

1. 教劳结合，学科融合，协同实施，以文化人

新时期劳动教育的深入开展，一方面，学校要在教劳结合、全面劳动教育观的指导下，充分挖掘各个学科的劳动教育要素，坚持学科融合，实现全科育人；另一方面，学校要树立“开门做劳动”的基本理念，充分整合各方资源，组织学生到课堂以外的广阔天地去实践和历练，打造家校社三位一体的劳动育人网络。有条件的学校充分利用周边的高新技术企业和产业园等，带领学生深入体验劳动新形态、科技新样态，鼓励学生将所学知识应用于实践，真正实现教劳结

合、知行合一。同时，学校要在校园文化建设中强化劳动文化，结合植树节、学雷锋纪念日、五一劳动节、二十四节气等，开展形式多样、主题鲜明的劳动主题教育活动，营造劳动光荣、创造伟大的文化氛围，涵养学生的劳动品质，引导学生树立正确的劳动价值观。

2. 专家引领，师资培养，场馆建设，安全保障

为保障劳动教育的顺利实施，第一，学校要在专家的引领下，保障劳动教育的"高站位"与"低姿态"，通过"请进来，走出去"，提升学校开展劳动教育的理论水平和创新意识。第二，在师资建设上，要坚持专兼职结合，既要培养劳动专职教师，同时可根据需求聘请家长和社会人士担任兼职指导教师。第三，在空间建设上，一是在校内为学生建设劳动专业教室、开辟种植园等，二是积极寻求与校外场馆、基地的合作，最大化为学生拓展劳动教育空间。第四，在制度建设上，学校要建立健全劳动安全风险防控预案，建立规范的安全管理制度，健全安保措施，加强安全教育，同时建立健全各项组织与管理制度，为学校劳动教育的深入与全面发展保驾护航。

构建与时代发展相适应的劳动教育体系是深入贯彻落实习近平总书记关于全面发展的教育体系的重要论述，尤其是新时期劳动和劳动教育发展的讲话精神与重要指示的具体体现，是全面开展劳动教育的题中之义和内在要求。构建与时代发展和学校实际相吻合的劳动教育体系是一项系统工程，需要在科学的教育理念指导下，在全面理解劳动教育基本内涵的基础上，从劳动教育的发展规律和学生的成长规律出发，从劳动教育的理念体系、目标体系、课程体系、评价体系、实施与保障体系等多个子系统入手，全面研究并整体建构符合中国特色社会主义教育制度的劳动教育体系和教育模式。

（编辑：党印）

The Value Implication, Practical Problems and Core Contents of the Value Implication, Practical Problems and Core Contents of the Construction of Primary and Secondary School Labor Education System in the New Period

Li Guiming, Li Zhi

Abstract: To build a system of labour education with the characteristics of a new era is to thoroughly implement the spirit of General Secretary XI's important speech on labour education and fully implement the Central Committee of the Communist Party of China, the state council "On the overall strengthening of the new era of labor education in primary and secondary schools" policy requirements, the implementation of the "Five-education" policy is necessary and the only way. In order to further promote the development of labor education in primary and secondary schools in the new era, this paper analyzes the value implication and practical problems of the current construction of labor education system in primary and secondary schools, starting from the internal logic and actual needs of the labor education in schools, this paper analyzes and summarizes the core contents of the labor education system, such as the idea system, the goal system, the curriculum system, the evaluation system, the implementation system, etc., to help primary and secondary schools to build up a labor education system in line with the development of the times, to promote the in-depth development of labor education.

Keywords: Labor Education; Objective System; Curriculum System; Evaluation System

“劳”以树德 “动”以润心

——上海师范大学新时代劳动教育探索与实践

陈 燕 韩 刚

【摘　　要】新时代大学生劳动教育是构建德智体美劳全面人才培养体系的必然要求。上海师范大学的劳动教育突出“三个引导”，体现时代特征；聚力“三个增强”，把握育人导向；加强“三个对接”，创新机制方法。学校在探索与实践中把对大学生的劳动价值观塑造、劳动能力培养、劳动习惯养成、劳动精神和品质传承贯穿立德树人的全过程，着力提升大学生劳动素养，形成了具有师大特色的劳动教育育人体系。

【关 键 词】劳动教育；劳动教育体系；劳动素养

【作者简介】陈燕，上海师范大学学生工作部（处）副部（处）长，讲师；韩刚，上海师范大学学生工作部（处）部（处）长，副教授。

党的十八大以来，习近平总书记在不同时间和场合强调了劳动和劳动教育的重要性，形成了关于劳动教育的重要论述，进一步拓展了劳动教育的内涵和外延，对深化马克思主义劳动和劳动价值理论，实现中华民族伟大复兴中国梦具有重大的时代价值和鲜明的现实针对性，也对高校提出了加强劳动教育的新任务、新课题。

劳动教育是学生成长成才的必要途径，具有树德、增智、强体、育美的综合育人价值。[①] 2020 年 3 月，中共中央、国务院印发了《关于全面加强新时代大

① 《中共中央 国务院关于全面加强新时代大中小学劳动教育的意见》，中国政府网，https://www.gov.cn/zhengce/2020-03/26/content_5495977.htm。

中小学劳动教育的意见》，重申劳动教育对培养全面发展的社会主义建设者和接班人的重要性，要求全党全社会高度重视，采取有效措施让劳动教育贯穿人才培养全过程。加强新时代大学生劳动教育是坚持和发展马克思主义唯物史观的客观要求，是构建德智体美劳全面培养体系的必然要求，是新时代加强大学生思想政治教育的应有之义。党的二十大报告中再次强调“在全社会弘扬劳动精神”，我们必须全面贯彻党的教育方针，增强紧迫感和责任感，抓好新时代劳动教育工作。

新时代的劳动教育不仅是促进学生全面发展的途径，更是国民教育体系的重要内容。因此，劳动教育不能仅强调其综合育人价值，更要重视其独特的育人价值。① 上海师范大学深入贯彻落实中共中央、国务院《关于全面加强新时代大中小学劳动教育的意见》等文件要求，以培养全面发展的人为目标，先后制定了《上海师范大学新时代劳动教育行动计划（2020~2025年）》《上海师范大学关于加强新时代大学生劳动教育的实施方案》《上海师范大学〈劳动教育〉课程实施方案》等，旨在引导学生辛勤劳动、诚实劳动、创造性劳动，把劳动价值观塑造、劳动能力培养、劳动习惯养成、劳动精神和品质传承贯穿立德树人全过程。

一 上海师范大学劳动教育的历史沿革

上海师范大学一直高度重视在大学生中开展劳动教育，从1995年开始实施的清洁校园“文明修身工程”到新时代大学生劳动教育之“劳动创造幸福”十大行动计划，学校通过近30年的劳动教育实践与探索，逐步建构了具有师范大学特色的劳动教育体系。上海师范大学的劳动教育体系大致分为以下三个发展阶段（见图1）。

（一）实践和探索——“文明修身工程”

上海师范大学自1995年开始，以“内铸素质，外塑形象”为主线，开展了以“劳动教育”为主题的“清洁校园”，争创“十无”校园文明活动，后拓展

① 刘向兵、李珂、曲霞：《劳动通论》，高等教育出版社，2021，第27页。

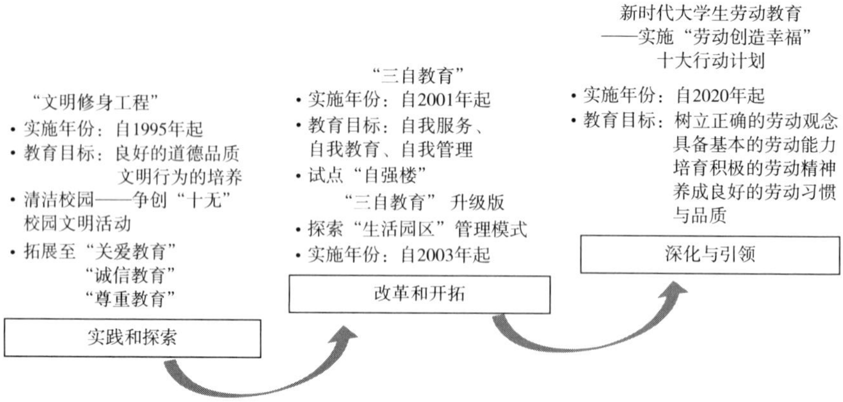

图1　上海师范大学劳动教育体系的三个发展阶段

到以“关爱教育”“诚信教育”“尊重教育”等为主题的一系列文明修身活动。同时，上海师范大学向全国75所高等师范本科院校发出倡议，让全国所有的高等师范院校的校园都成为“十无”校园。国家教委办公厅〔1995〕3号文转发了上海师范大学等十校“关于加强高师校园基础文明建设的倡议书”的通知，并抄送各省、自治区、直辖市教育厅（局）。该活动动员学校全体学生开展打扫卫生、清洁校园的活动。学生在校期间，除了打扫自己寝室卫生外，同时要以寝室为单位轮流对宿舍楼公共区域以及校园内清洁岗位进行清扫。此项工作持续实施，活动开展常态化、机制化。学校通过“文明修身工程”，旨在培养学生责任意识、公德意识、劳动意识、自立意识、环保意识，以及吃苦精神、敬业精神、团队精神、奉献精神等。①

（二）改革和开拓——开展大学生的“三自教育”

自2001年起，学校对园区思想政治教育进行探索改革，推出了西十三“自强楼”，开展学生的自我服务、自我教育和自我管理。自2003年起，实行园区的网格化管理，在原有工作的基础上，不断理顺生活园区管理的机制和体制。借鉴世博会管理的成功经验，采取生活园区制管理模式，通过设立岗位、搭建平台，让学生在

① 蒋威宜、蒋明军、高亭：《内铸素质 外塑形象——上海师范大学文明修身在行动》，学林出版社，2008，第3~4页。

园区提升大学生自我管理、自我教育、自我服务的能力，培养大学生自立自强的精神品质，强化大学生公共服务意识和奉献精神，培养大学生的劳动能力和劳动习惯。

（三）深化与引领——实施"劳动创造幸福"十大行动计划

新时代劳动教育是高等教育人才培养体系的重要组成部分，以全面提高大学生劳动素养为核心，其目的是引导新时代大学生在劳动创造中追求幸福感，培养具有社会责任感、创新精神和实践能力的高级专门人才。① 上海师范大学遵循教育规律，通过实施"劳动创造幸福"十大行动计划，让学生在劳动教育中树立正确的劳动观念、掌握基本的劳动能力、培育积极的劳动精神、形成良好的劳动习惯和品质。② 具体而言，通过"树德""启航""匠心"计划树立大学生劳动价值观，通过"师承""影子""笃行"计划实现大学生劳动能力提升，通过"挑战""奋斗"计划培育大学生劳动精神，通过"时尚""有为"计划让大学生养成劳动习惯和品质（见图2）。

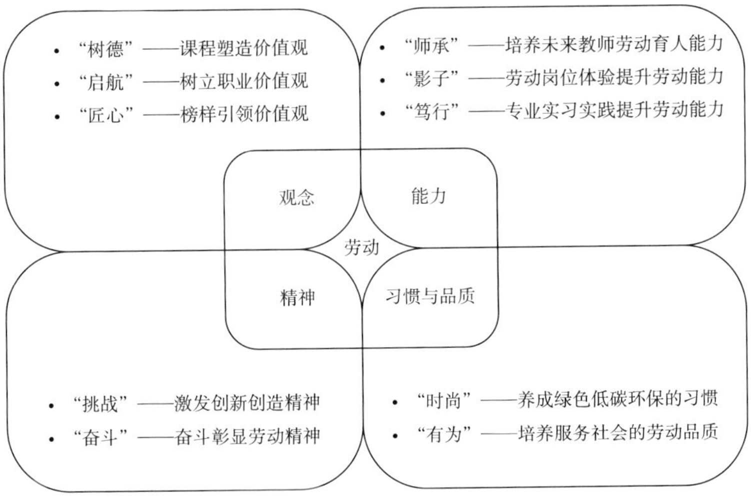

图2 上海师范大学"劳动创造幸福"十大行动计划

---

① 曲霞、刘向兵：《新时代高校劳动教育的内涵辨析与体系建构》，《中国高教研究》2019年第2期。

② 《中共中央 国务院关于全面加强新时代大中小学劳动教育的意见》，中国政府网，https：//www.gov.cn/zhengce/2020-03/26/content_5495977.htm。

1. 课程塑造价值观，实施“树德”计划

学校在“思想道德修养与法律基础”和“形势与政策”思政课程中开发劳动教育理论模块，讲好习近平总书记关于劳动教育的重要论述，丰富劳动知识，提高劳动理论素养，增强劳动价值认同，树立马克思主义劳动观。在“大学生职业生涯发展和就业指导”课程中挖掘劳动观、择业观、职业价值观教育，在“大学生KAB创业基础”课程中培养学生创新创造意识。将劳动教育与专业课程、选修课程深度融通，在专业课程、选修课程中适时适当适度融入专业劳动知识与技能、劳动纪律、劳动法、职业道德等内容，引导大学生自觉劳动、辛勤劳动，学会诚实劳动、科学劳动和创造性劳动。

2. 树立职业价值观，实施“启航”计划

学校结合职业生涯教育活动，开展访谈一位劳动者、参观一次企事业单位、参与一次行业劳动实践、参加一次劳动法规和劳动安全防护知识学习、撰写一份职业生涯规划报告的“五个一”活动，引导学生树立正确的劳动观、择业观和职业价值观。

3. 激发榜样引领，实施“匠心”计划

学校结合学生思想特点和专业特点，邀请各级各行各业的劳动模范（大国工匠）来校担任“人生导师”，开展劳动模范（大国工匠）走进校园系列活动。组织学生采访、编撰《劳动模范（大国工匠）校友故事汇》，通过模范校友的劳动故事，激发学生树立正确的劳动意识和劳动观念。

4. 培养未来教师劳动育人能力，实施“师承”计划

学校发挥教师教育特色，面向师范生开展劳动教育时，注重区分师范生自身劳动教育与作为未来教师在中小学、幼儿园开展劳动教育意识和能力的培养。开展师范生劳动育人大讨论，引导师范生学习和思考各学段劳动教育的内容要求，如何将劳动教育融入各学段、各学科课程，如何将劳动教育与各学段校内外活动相结合，如何发挥家庭劳动教育的作用等。

5. 劳动岗位体验提升劳动能力，实施“影子”计划

在生活园区，学校引导学生开展宿舍内部和宿舍楼公共部位的“日日清、月月净”清洁扫除活动。在一年级新生中，开展覆盖全体的校园劳动体验活动，通过学生自愿报名，以小分队为单位体验宿舍管理、校园管理、餐饮管理等基层劳动岗位。以基层劳动体验为基础，开展“劳动达人秀”全能挑战赛，进行各岗位技能挑战打卡，评选“劳动达人”，通过劳动岗位体验提升大学生的劳动能力。

6. 专业实习实践提升劳动能力，实施“笃行”计划

学校具化劳动教育实践课程，借助产教融合、校企合作，创建、联建或共享劳动实践基地，增强劳动教育情境感、体验感。完善专业（教育）见习实习，在劳动实践中学、做、悟，理论联系实际，秉承系统性思维和协同性原则，将劳动教育融入专业课程，让大学生在实习实践中提升劳动能力，充分发挥劳动教育综合育人的功能。

7. 激发创新创造精神，实施“挑战”计划

学校鼓励和引导学生发挥专业特长，参与“挑战杯”“互联网+”“创青春”等各级各类创新、创业、创造活动和赛事，孕育一批有兴趣、有基础、有干劲、有思想的创新创业创造团队。与新产业、新业态、新技术相呼应，与云计算、物联网、大数据、人工智能等新技术相衔接，提升劳动教育的时代性，挖掘劳动教育新内涵，创新劳动教育新形式，鼓励学生运用多元学科知识，开展创造性劳动，全面激发学生创新创造精神。

8. 奋斗彰显劳动精神，实施“奋斗”计划

学校充分融合网站、微信、抖音等线上媒体平台，创新劳动教育内容和形式，让劳动教育“活起来”“实起来”“酷起来”。打造“我奋斗我幸福”“寻找最美奋斗者”劳动教育网络专题，借助“立德励言”“湖畔晨课”“香樟微话题”“言值大作战”“上师人的 vlog”等学生喜闻乐见的网络栏目，提升劳动教育网络育人实效，让奋斗成为师大人最亮丽的青春底色，让师大学生在奋斗中彰显劳动精神。

9. 养成绿色低碳环保的习惯，实施“时尚”计划

学校开展垃圾分类知识普及教育，引导学生树立正确的校园环保理念，让垃圾分类成为师大学子的新时尚。结合文明修身“六在”公约，在教学场所和生活园区推进垃圾分类实施，使每一位学生养成垃圾分类的良好习惯，形成校园环保文明新风。鼓励学生围绕垃圾分类宣传、人工智能垃圾分类、湿垃圾生态循环利用、可回收垃圾变废为宝等主题，结合专业所学实践创新。

10. 培养服务社会的劳动品质，实施“有为”计划

学校鼓励学生积极投身爱心学校类项目（爱心学校、爱心暑托班、亲子工作室）、场馆赛事类志愿服务、大学生挂职锻炼、“三下乡”外出实践考察、社会实践调研大赛等社会实践项目。鼓励学生参与各类校内外勤工助学劳动，通过辛勤劳动、诚实劳动谋取发展机会，培养自立自强、自力更生的精神品质。

二 上海师范大学劳动教育体系的构建

上海师范大学把握劳动教育思想性、时代性和统一性的原则，坚持劳动教育“纵向到底、横向到边”，抓“进口”，把“过程”，严“出口”，凝心聚力、多措并举，拓展平台、丰富内容，把握劳动教育高度，拓展劳动教育广度，提升劳动教育温度，挖掘劳动教育深度，聚焦劳动教育效度，切实打通育人的“最后一公里”，着力推进劳动教育与专业教育相结合，与思想政治教育相结合，与社会实践、实习实训相结合，在落实、落细、落小上下功夫，构建纵横交错、线上线下、分层次、立体化的劳动教育体系（见图3）。

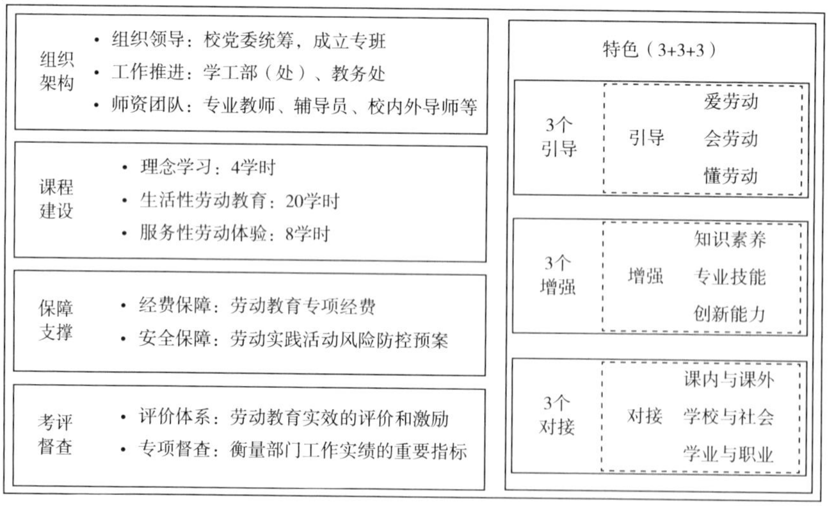

图3 上海师范大学劳动教育体系

（一）劳动教育体系的架构

上海师范大学坚持立德树人、五育并举，把劳动教育纳入人才培养全过程。在劳动教育开展中，重视顶层设计，搭建完善的组织架构，整合劳动教育课程资源，拓宽劳动教育的实践路径，提供劳动教育的支持保障，把劳动教育纳入考评督查的范围，形成了系统性、融合性的劳动教育体系。

组织架构。学校党委统筹劳动教育工作，定期围绕劳动教育进行专题研究。由相关校领导牵头，成立上海师范大学劳动教育工作专班，设立工作专班秘书处，由教务处、学工部统筹推进课程设计、考核评价、文化宣传和安全保障等劳动教育工作。

课程建设。学校将劳动教育有机融入人才培养方案。制定劳动教育课程实施方案，面向全体本科生开设32学时的必修课，贯通大学本科四年学制，将劳动教育与专业教育、通识教育和创新创业教育有机结合。“劳动教育”课程是理论和实践相结合的课程体系，分为“理论学习”“生活性劳动教育”“服务性劳动体验”三个部分，通过“大学生劳动积分银行”微信小程序完成课程学时评价。

师资建设。学校将劳动教育与专业教育进行有机融合，发挥专业教师的劳动育人作用。另外，建立一支以第二课堂教师、学生社团指导教师、班主任和辅导员为主，以校内外生涯指导教师、创新实践导师为辅的劳动教育师资队伍。将劳动教育作为教师思想政治教育和培养培训的重要内容。教师指导学生劳动实践计入教学工作量。

保障支持。学校设立劳动教育专项经费，为劳动教育课程、劳动教育实践、劳动教育设施、劳动教育系统平台、校内劳动教育场所、校外劳动教育实践基地等工作提供充分的经费支持，确保经费投入。制定劳动教育安全管理实施细则，制定劳动实践活动风险防控预案，建立应急与事故处理机制。

考评督查。学校对二级学院开展劳动教育的实效进行评价和激励，评选劳动教育特色项目。把劳动教育开展情况作为衡量部门工作实绩的重要指标及工作考核奖惩的依据。

（二）劳动教育体系的特色

上海师范大学劳动教育体系的特色体现在突出“三个引导”、聚力“三个增强”、加强“三个对接”上。

1. 体现时代特征，突出“三个引导”

学校遵循教育规律，弘扬劳动精神，实施“劳动创造幸福”十大行动计划，面向全体学生开展新时代劳动教育专项调研，11866名学生在线提交调研问卷，结合师生座谈会、个别访谈，形成符合“00后”大学生身心成长规律的《上海师范大学关于加强新时代大学生劳动教育的实施方案》。

推进先进人物进校园，引导学生“爱劳动”。激励榜样引领，实施“匠心”计划。学校邀请全国劳模、大国工匠、最美教育工作者、中小学园丁奖获得者进驻生活园区与学生座谈交流，感受劳模的榜样力量，提升学生劳动精神面貌、劳动价值取向和劳动技能水平。邀请上海市劳模、上海五一劳动奖章获得者等受聘“人生导师”，在校内开展80余场专题沙龙，让学生聆听劳模故事，探讨大国工匠精神。

搭建劳动体验平台，引导学生“会劳动”。万余名学子参与“最美寝室”评比活动，开展生活园区“日日清、月月净”清洁扫除活动；每年组织开展“影子计划”劳动岗位体验和“劳动达人秀”劳动技能比拼等多个劳动教育品牌活动，目前已辐射学生达2万多人；打造“春归志”、“荷锄乐园”和“锦程园”劳动教育特色项目，由学生参与设计种植，在互助之中共享劳动过程，共享劳动成果。

开展劳动教育大讨论，引导学生“懂劳动”。通过“立德励言”网络思政品牌，引导学生探讨劳动的情感态度、价值观念、劳动责任和伦理意识。“社会需求能不能决定劳动价值”“劳动应该尚德还是尚能”“996劳动工时制度是王者还是青铜”等具有浓厚时代气息的话题登上校园网络平台。1.3万名师生通过哔哩哔哩平台观看新时代劳动教育大讨论直播。10集“立德励言 新时代劳动教育师大学子说”短视频及6集专题帖的播放量达31万。

2. 把握育人导向，聚力“三个增强”

学校充分发挥劳动综合育人功能，把准育人导向，通过劳动教育拓宽育人渠道，使学生养成正确的劳动观念、劳动习惯、劳动情感、劳动精神，在劳动创造中获得幸福。

在劳动中增强知识素养。学校发挥教师教育特色，面向师范生开展劳动教育“师承”计划，紧密结合师范学科专业特点，有机融入劳动教育内容。关注师范生自身劳动教育与作为未来教师在中小学、幼儿园开展劳动教育知识能力的培养。开展师范生优秀劳动教育主题班会的评选，联动学科课程论专业教师、学工团队等精心打磨师范生劳动教育主题班会前往师大附属学校及各学院实习实践校的展示活动。在哔哩哔哩平台开通“云端教育家”，提供展示劳动风采，提升师范生技能的平台，已投放视频 129 支，播放量超过 10479 次。

在劳动中增强专业技能。发挥专业特色，学校开展“合法劳动”“名画中的劳动者”“人工智能”“垃圾分类科普微视频”等劳动教育创新。疫情期间依托新媒体发起战“疫”打卡活动，淬炼专业技能，推出居家《劳动战“疫”》《运动战“疫”》《艺术战“疫”》《用诗战“疫”》《用法战“疫”》等网络专栏，5363 名师生参与打卡 13500 余次。组织评选劳动教育特色项目 13 项，培育项目 7 项，各学院项目与专业特色深度融合，有将一平方米作为种植空间的“平米田园”，有以学生生活园区这一物理空间与网络相结合的“画廊”，推进劳动教育与德育、智育、体育、美育有机融合。

在劳动中增强创新能力。在辛勤劳动、诚实劳动的基础上，学校重视新知识、新技术、新工艺、新方法的应用，突出了创造性劳动能力的要求。设立学生园区劳动体验馆，以情景剧排演、主题路演等方式集中展示学生劳动科创成果，培养科学精神，提高创造性劳动能力。推进校园环保，实施垃圾分类“时尚”计划，学生结合专业知识，编导《垃圾分类我先行》情景剧、《垃圾分类歌》，设计垃圾分类主题海报，自主研发 BIACID 智能分类垃圾桶，在劳动中培养创新能力。

3. 创新机制方法，加强“三个对接”

学校以课程为切入点，以劳动实践为抓手，以高质量就业为目标，增强劳动观念，提升劳动能力，练就过硬本领，让劳动成为生活，让劳动融入生活，让劳动服务生活。

学校将劳动教育有机纳入课程体系，实现“课内与课外”的对接。开设“劳动教育”通识必修课，共计 32 学时，编写教材《马克思主义劳动观与劳动教育》，围绕日常生活劳动、生产劳动和服务性劳动，挖掘劳动教育的综合育人价值，培养学生的自立、自强意识，强化社会责任感。推进劳动教育课程和思政课程协同发展，在“思想道德修养与法律基础”和“形势与政策”思政课程中增加劳动教育理论板块，讲好习近平总书记关于劳动教育的重要论述。

创新校内校外劳动实践模式，实现“学校与社会”的对接。关注服务性劳动，创新校内外劳动实践。学校制定本科学生劳动教育周方案，设有宿舍管理、校园管理、餐饮管理等校内各类各级劳动岗位，让学生在劳动实践中感悟劳动魅力。积极推行汗水银行小程序，记录学生劳动完成情况，实现劳动教育成果量化和可视化，将劳动教育内化于心、外化于行，激发学生劳动的主动性。组织学生参与爱心学校、场馆志愿服务、大学生挂职锻炼、“三下乡”外出实践考察、社会实践调研大赛等，实现劳动教育学校与社会的对接，发挥协同作用。

深化产教融合，实现“学业与职业”的对接。弘扬“立大志、善小事、入主流、成事业”的劳动价值观和职业观，引导毕业生到基层就业，学校连续12年荣获“三支一扶”先进集体。实施“笃行”计划，具化劳动教育实践课程，在“大学生职业生涯发展和就业指导”课程中专设劳动观、择业观、职业价值观教育主题，在“大学生KAB创业基础”课程中培养学生创新创造意识。关注生产性劳动，积极引导学生在专业见习实习中“悟劳动之美”“明劳动之理”。

三　上海师范大学劳动教育的探索和展望

（一）打造劳动教育新模式

学校坚持立德树人、五育并举，把劳动教育纳入人才培养全过程。围绕国家和上海战略发展趋势，结合学校学科专业特色，遵循学生成长规律，全面修订人才培养方案。强化马克思主义劳动观教育，把创新性劳动能力培养有机融入专业课教育，将服务性劳动教育有机融入实践课教育。围绕人才培养方案，开设“劳动教育”通识教育必修课程；推进“劳动创造幸福”实践教育，进一步丰富和完善“树德”“启航”“匠心”“师承”“影子”“笃行”“挑战”“奋斗”“时尚”“有为”十大计划，形成“1+10”劳动教育内容体系。

（二）建立劳动素养评价新机制

学校以习近平新时代中国特色社会主义思想为指导，明确不同年级大学生劳动教育的目标要求，引导学生树立勤俭、奋斗、奉献的劳动观念与劳动精神，养成崇尚劳动、尊重劳动的习惯，形成马克思主义的劳动观。丰富劳动教育评价形式，从“理论学习—劳动实践”“家庭—学校—社区”多方面实施评价。构建大学生劳动素养指标体系，细化一级、二级评价指标，以家庭、学校、社会为评价主体，以日常生活劳动、生产性劳动、服务性劳动、创新性劳动为评价内容，以劳动态度、劳动技能、劳动成效为评价指标，将过程和结果、定性和定量、自评和他评相结合，充分发挥评价的育人导向和反馈改进功能。同时，将劳动教育纳入大学生综合素质测评指标体系和各类大学生评优评奖体系。

（三）开发劳动教育数字化评价新系统

学校发挥"数智"在大学生劳动教育评价中的作用，借数字化技术手段赋能劳动教育，让劳动育人提质增效。开发上海师范大学"大学生劳动积分银行"数字化评价系统，通过"数智"手段加强劳动教育过程性评价，将日常劳动教育过程通过手机和电脑端程序快捷记录，在最终评价中将教育过程评分作为评价重点，不断促使劳动教育趋于科学化实施发展。通过研发数字化评价系统，在各项劳动项目中开发设计评价量表，统一纳入系统评价，全面多元评价学生的劳动表现，将大学生参与劳动教育课程学习和实践情况纳入学生综合素质档案。鼓励各学院使用学工系统中的"大学生劳动积分银行"功能模块，对学生参与各类劳动进行积分记录，将各学院学生劳动积分纳入二级学院年度学生工作考核评价指标。

（四）融合多方劳动育人新资源

丰富劳动教育课程资源、讲师资源，学校打造教研联合体，全面提高劳动教育水平。建立校内、校外一体化劳动教育实践基地，整合校内实践基地。学校将徐汇校区东部学生生活园区打造为智慧园区，在园区打造三全育人、五育并举的育人生态圈，打通育人的"最后一公里"。开展"梦想改造计划"，创建"德艺坊""巧手屋""垃圾分类体验馆"等30余处公共功能空间，搭建劳动教育系列资源场域。拓展校外实践基地，把校外研学基地、工农场地、野外实习目的地等作为学生劳动教育的实践基地，确保劳动教育空间场域。

另外，劳动教育的内涵，不仅是体力劳动和劳动技能的提升，与学生专业学习相关的脑力劳动、创新性劳动也是劳动素养的组成部分。学校以全国党建工作样板支部化学教工第一党支部"学生生活园区驻楼导师工作室"为标杆，发挥党员教师示范引领作用。聘请支部10位教授为学生生活园区首批驻楼导师，在东部学生生活园区开展"驻楼导师沙龙"系列活动，手把手、面对面，于"润物细无声"中培养学生的创造性和创新型劳动精神，将育人力量和育人资源有机延伸，实现育人主体、时间、空间同频共振。

（五）创建家庭—学校—社会协同育人新格局

学校探索建立家庭劳动教育、学校劳动教育、社会劳动教育不同劳动场域的劳动清单制度，以学校为主导、以家庭为基础、以社会为依托，家校社整体协同、深度融合。明确学生完成学校劳动教育课程，亲历居家劳动，参与社会实践劳动的具体内容和要求，让学生在实践中养成劳动习惯，学会劳动、学会勤俭，养成良好的劳动品质，牢固树立“劳动创造幸福”的价值观。进一步发挥“家—校—社”的协同育人作用。

总的来说，学校将劳动教育纳入育人体系，积极构建劳动教育的体制机制，增强劳动教育的时代感和实效性，推进理念思路、内容形式、方法手段创新，把劳动教育落细、落小、落实。同时，注重贴近学生实际，把握学生特点，分类施教，在目标、对象、资源、方法等方面精准回应学生的成长成才需求，引导广大青年学生牢固树立“劳动最光荣、劳动最崇高、劳动最伟大、劳动最美丽”的价值取向，让他们懂得生活靠劳动创造，美好人生也靠劳动创造，切实让劳动教育服务学生终身发展。

（编辑：苏清）

Developing Character and Ideal Faith through Labor: Exploration and Practice of Shanghai Normal University's New Era Labor Education System.

Chen Yan, *Han Gang*

Abstract: Labor education for collegestudents in the new era is an inevitable requirement for constructing a comprehensive talent cultivation system that encompasses morality, intelligence, physical education, aesthetics, and labor. Labor education at Shanghai Normal University emphasizes "three guiding principles" and reflects the characteristics of the times. It focuses on "three enhancements" to grasp the educational orientation, and strengthens "three connections" to innovate mechanisms and methods. Through exploration and practice, the university incorporates the shaping of students' labor values, development of labor skills, cultivation of labor habits, inheritance of labor spirit and quality, into the entire process of moral education and talent cultivation. The university strives to enhance students' labor literacy, creating a labor education model and system with distinctive characteristics of the university.

Keywords: Labor Education; Labor Education System; Labor Literacy

一间教室里的劳动教育课程图谱

袁　帅

【摘　　要】社会的城市化、网络化、智能化发展，使得生活变得高效与舒适，与此同时，也诞生了新的挑战，对人的素质提出了更综合的要求。在此背景下，基于《中国学生发展核心素养》和《义务教育劳动课程标准》等文件的引领，青岛中学石头教室开发了“班级劳动教育课程图谱”，使劳动教育的课程设计朝向真实与完整的学习系统，朝向任务与问题的现实驱动，朝向个人与生活的价值关联。在关注生活技能及其习惯养成的同时，注重学生思维观念及人格精神的发展，以帮助学生不仅能够适应当下，也能服务于未来的生活，应对挑战。

【关 键 词】劳动教育；课程标准；核心素养

【作者简介】袁帅，青岛中学骨干教师，小学一级教师，主要研究领域为表现性评价、课程设计、学生活动设计等。

2022义务教育劳动课程标准提出劳动教育是中国特色社会主义制度的重要内容，是全面发展教育体系的重要组成部分，对全面贯彻党的教育方针，落实立德树人的根本任务，培养德智体美劳全面发展的社会主义建设者和接班人具有重要的意义，而劳动课程是实施劳动教育的重要途径。

正如苏霍姆林斯基所说：“劳动是学校教育生活中不可缺少的重要方面，其应渗透、贯穿整个学校教育之中，离开了劳动，就不可能有真正的教育。”作为人类生存和发展的主要社会实践活动，“劳动”不仅能够使个体创造自我的价值，还能使其获得归属感、成就感和幸福感等，让生命散发活力和精彩，让社会运转变得融通与美好。

而随着国家的现代化发展，人们的生活也逐渐远离土地和耕种，朝向城市化、网络化、智能化发展。人们的生活变得高效和舒适，只需动动手机，就可以美食满桌，购物到家，清扫房间。与此同时，生活对人的素质发展也提出了更高、更综合的要求，由此诞生了许多新的、刚性的生活挑战——如何做好垃圾分类？如何准确安全地到达城市的某一个角落？如何使用手机购物？如何做一份营养餐？如何用 App 打车、医院约号？

在上述背景下，义务教育开始变革，朝向真实与完整的学习系统，朝向任务群与问题的现实驱动，朝向个人与生活的价值关联。劳动教育也开始转变。在注重学生生活技能学习及习惯养成的同时，也在注重学生思维观念及人格精神的发展，以帮助学生不仅能够适应当下，也能服务于未来的生活。基于此，青岛中学石头教室诞生了“班级劳动教育课程图谱”。

一　班级劳动教育课程图谱的诞生

石头教室“班级劳动教育课程图谱”是以《中国学生发展核心素养》《大中小学劳动教育指导纲要（试行）》《义务教育课程方案和课程标准（2022 年版）》《义务教育劳动课程标准（2022 年版）》这四个文件为基础，进行开发设计。

2016 年《中国学生发展核心素养》总体框架发布。该文件指出，要帮助学生处理好自我与社会的关系，养成现代公民所必须遵守和履行的道德准则和行为规范，增强社会责任感。要保证学生能够具有积极的劳动态度和良好的劳动习惯，具有动手操作能力，掌握一定的劳动技能，在主动参加的家务劳动、生产劳动、公益活动和社会实践中，具有改进和创新劳动方式、提高劳动效率的意识；要促使学生善于发现和提出问题，有解决问题的兴趣和热情；要引导学生理解技术与人类文明的有机联系，具有学习掌握技术的兴趣和意愿；具有工程思维，能将创意和方案转化为有形物品或对已有物品进行改进与优化等。学会健康生活、自我管理，养成良好的生活习惯；能依据特定情境和具体条件，选择制定合理的解决方案；具有在复杂环境中行动的能力等。

这套框架从文化基础、自主发展、社会参与三个维度，定义了学生应具备的能够适应终身发展和社会发展需要的必备品格、关键能力和价值观，也给劳动教育和社会实践活动在课程理念、课程设计、评价实施方面提供了革新思路。

2020年《大中小学劳动教育指导纲要（试行）》发布。该纲要针对劳动教育提出了三类目标。一是在日常生活劳动教育方面，立足个人生活事务处理，注重生活能力和良好卫生习惯培养，树立自立自强意识。二是在生产劳动教育方面，要让学生体验从简单劳动、原始劳动向复杂劳动、创造性劳动的发展过程，学会使用工具，掌握相关技术。三是在服务性劳动教育方面，让学生利用知识、技能等为他人和社会提供服务，在服务性岗位上见习实习，在公益劳动、志愿服务中强化社会责任感。该纲要以目标为引领，结合具体的操作建议，为劳动教育及其课程设计提供了脚手架。

《义务教育课程方案和课程标准（2022年版）》《义务教育劳动课程标准（2022年版）》指出，劳动课程是实施劳动教育的重要途径。义务教育劳动课程以育人为导向，以丰富开放的劳动项目为载体，通过明确的学段目标，有目的、有计划地组织学生参与日常社会实际的生活劳动、生产劳动和服务性劳动，让学生动手实践、出力流汗，接受锻炼、磨炼意志，培养学生形成基本的劳动意识，树立正确的劳动观念，发展初步的筹划思维，形成必备的劳动能力，养成良好的劳动习惯，塑造基本的劳动品质，培育积极的劳动精神，弘扬劳模精神和工匠精神。

与此同时，《关于全面加强新时代大中小学劳动教育的意见》及《山东省生态环境保护“十三五”规划》等文件，也对学生的劳动观点、技能、意识、习惯、精神等做出了要求。

基于上述文件，可以发现以下几点。一是劳动教育并非仅仅培养劳动技能，更重要的是借助劳动实践，指向劳动观念、劳动习惯、劳动品质、劳动精神。二是劳动教育不是针对个体的劳动能力的发展，而是要把个人与集体、生活，与社会联系在一起，培养其协作精神和服务意识。这些都与当下的社会责任感紧密相连。三是劳动教育要帮助学生理解劳动发展的历史，强调工具的学习。既追根溯源，又能直接服务于当下。四是劳动教育要朝向真实情境的任务驱动，朝向深度学习。

《中国学生发展核心素养》指出，教育要努力提高学生面对复杂情景的问题解决能力，使其能够健康生活、担当责任、自主学习。这就使得劳动课堂教学的内容与形式将在课程标准的指引下，回到技能、工具的诞生处，经由真实情境下的任务驱动，提供学习需求，在真实复杂的环境中，学习知识，解决问题，服务于生活。正如特雷西·K. 希尔称：“任务的开发和实施，支持了学习者的发展，强大的现实任务可以改变课堂，使之生机蓬勃，在这样一个充满生机的环境中，学生主动投入学习，师生充满活力。”

围绕着这几种发现，青岛中学石头教室以《中国学生发展核心素养》《大中小学劳动教育指导纲要（试行）》《义务教育课程方案和课程标准（2022 年版）》《义务教育劳动课程标准（2022 年版）》为基础，以学生为本，以可见成长为出发点，结合学校、家庭、社会的综合化力量，尝试从技能、意识、文化三个维度，设置并实施劳动教育，形成了“班级劳动教育课程图谱”。

二　劳动教育课程图谱实施的三个维度

（一）技能

技能是通过练习，获得直接应用于生活的技巧。

以“百变厨坊”劳动课程为例。

俗话说，“民以食为天”，做饭是生活的大事，想要做好一日三餐，就涉及食材去哪里买、调味品怎么用、美食怎么制作等一系列问题。而在石头教室，我们将其作为一门课程，放给学生探究。

在课程中，学生将接受一份充满吸引力的真实任务：准备一道美食，参与学校盛大的美食狂欢节活动，这其中，“如何制作一份人人都能看懂的食谱”也就成为孩子们的挑战。

食谱是什么，学生们是清楚的。但想要制作出一份人人都能看懂的食谱，就需要做足功课，了解学习目标与完成标准——去认识各种食材和调味品，阅读优秀的食谱说明，学习排版设计，并通过下厨房亲身体验，检验成果，绘制完整的食谱，制作美食，参与狂欢节活动。这对于一群衣来伸手、饭来张口的孩子们来说，这并不是件容易的事儿。好在有真实任务作驱动，激发了学生的研究兴趣，每个学生都期待参与其中，在美食节中一展身手。

课程伊始，学生们将选好自己想要制作的菜品和食谱。如此，研究任务就开始了。

首先，从对材料和工具的认识开始。学生要跟随家长去往市场，搜集并认识所需的食材和调料，感受市场的氛围，了解交易的过程，并将所搜集到的材料及厨房用具带到教室，通过闻一闻、尝一尝、摸一摸、看一看等方式，对材料、工具进行学习。

接着，开始转向程序步骤。学生需要在家长的监护下，进行家庭操作体验，在学校餐厅厨师的专业指导下巩固学习，通过搜集并阅读优秀的食谱书籍和App，进行排版和书写学习。经由这个环节的脚手架学习、研究分享、讨论总结，学生发现一份优秀的食谱都具有以下特点：完整呈现菜品模样、步骤清晰直观、简约至上。

在掌握了一切后，学生们开始绘制食谱：西红柿炒蛋、油焖大虾、煎牛排……并在主题课程的最后一个周末发布诊断评估任务——通过互换班级同学制作的菜谱，为父母做一道菜，在实际操作中，记录反馈，检验一道菜谱的合理有效性，回校后交流反馈继续修改，并带着美食和食谱参与狂欢节活动。

……

经由该劳动课程，学生学会了制作菜谱，学会了挑选辨别食材、使用厨房工具，学会了做饭、制作写作文案，学会了买菜，感受到了纸上得来终觉浅，实践体验出真知。同时，家庭的生活责任，也从单纯的父母转向父母和孩子，成为一个家庭的共同担当。

就这样，经由一份菜谱的课程探究，学生建构了完整、系统的厨艺生活技能的学习，也间接培养了学生，让其体悟到劳动成果的来之不易。

（二）意识

意识是每个学生都需要形成的，且能够应用于实际问题当中的承担责任、协作沟通、解决问题。

以“垃圾分类”劳动课程为例。

垃圾分类是环境保护与劳动教育关注引导的核心，也应该是教育者义不容辞的责任。虽然垃圾分类政策已经出台，但仍存在难改、不改、不会做、不理解等问题。垃圾分类的宣传教育与实施推进工作成为社会发展的痛点。如此就需要教育引领、课程带动，从孩子开始，从老师开始，从学校开始，从家庭开始，通过对政策和现状的正向解读，使人们理解与共情、配合与参与。

垃圾分类怎么做，这是很多教室面临的难题，也是石头教室的挑战，仅仅带着学生认识分类意义及其分类方法吗？我想并非如此，应该指向责任、沟通和问题解决能力的培养。

在石头教室，我们将其作为探究课程来进行学习。学生们将在课程任务中围绕学习目标、真实任务、评价诊断标准，进行阅读、理解和参与挑战（见表1）。

表1　垃圾分类劳动课程

学习任务	亲爱的同学们，你们知道吗？ 人们在利用资源的同时，也在制造垃圾。在我们身边，垃圾处理常常被简易堆放或填埋，导致臭气蔓延，并且污染土壤和地下水。而有效的垃圾分类，有助于减少占地，减少垃圾数量达50%以上，减少环境污染。废弃的电池含有金属汞等有毒物质，会对人类产生严重的威胁，废塑料进入土壤，会导致农作物减产，因此回收利用可以减少这些危害，变废为宝。1吨废塑料可回炼600公斤无铅汽油和柴油。回收1500吨废纸，可避免砍伐用于生产1200吨纸的林木。因此，垃圾回收既环保，又节约资源。 诚然，垃圾分类政策及其要求的发布，引起了全社会的关注，有人支持，但也有人反对。而作为小学生，作为担当社会责任的一员，垃圾分类，从我做起，从现在做起。虽然我们无法影响整个社会，却可以影响班级和家庭。 因此，如何让最懒的人也愿意进行垃圾分类，如何让教室全体同学\自己家庭成员都愿意进行垃圾分类，就是我们的任务。		
学习目标	1. 我能说明垃圾分类的意义； 2. 我能以官方的分类方式，进行垃圾分类； 3. 我能用合理、尊重、有帮助的方式让自己及身边的人参与垃圾分类。		
水准	青铜	白银	黄金
内容	1. 我能说明垃圾分类的意义； 2. 我能进行分类，但不能以官方的分类方式进行； 3. 我能凭借自己的经验，提供垃圾分类的方式方法。	1. 我能说明垃圾分类的意义； 2. 我能以官方的分类方式进行垃圾分类； 3. 我能用合理、尊重、有帮助的方式，提供垃圾分类的方式方法。	1. 我能说明垃圾分类的意义； 2. 我能以官方的分类方式进行垃圾分类； 3. 我能用合理、尊重、有帮助的方式，提供垃圾分类的方式方法，并取得好的效果。

其中最为核心的一个难题是“如何让最懒的人也愿意垃圾分类”。强制的规定也可以让人去做，但未必让人愿意去做。想要发挥每个人垃圾分类的主动性，就要动脑筋。

经过讨论，学生发现，要想真正地让每个人都乐意做这件事，必须从以下四个脚手架原则去思考和操作。

一是认同——相关受众对解决方案有共识理解且认同。

二是尊重——解决方案使相关受众感受到尊重，其需要承担的后果是没有责罚的、不会让相关受众感觉羞愧或者痛苦。

三是便捷——解决方案的操作简便，使相关受众能够快速参与执行。

四是有帮助——方案或者需要承担的后果，能够起到解决问题的作用。

于是问题研究便开始了。

要知道，学生们未必愿意进行垃圾分类，毕竟原本他们在家中连倒垃圾都是不愿意的。因此，我们先从垃圾分类的麻烦开始讨论。每个人都先尝试在家中负责一周的垃圾清理，做好记录，寻找分类带来的麻烦问题。诚然，麻烦很多——不会分类、不懂分类的意义、垃圾桶不够、垃圾太多、时间不够等，我们一一列出来，相互分享总结。

接着讨论：垃圾处理有必要这么麻烦吗？可以不做吗？如果做，如何便捷地实施？站在课程设计角度来看，做与不做的问题，可以帮助学生了解垃圾处理的危害。每个学生都要在观看相关纪录片的同时，记录并说明白垃圾的流向以及带来的危害——学生看见了海洋污染，看见了焚烧垃圾带来的大气污染，看见了人工处理垃圾带来的各种疾病。

由此，垃圾分类行为获得理解，形成共识——这件事情，必须做。

接下来，学生们需要回归问题，以小组为单位，设计垃圾分类的方案，并用表格或思维导图等工具一一呈现。

方案的制定，不是摆摆样子，每个小组都需要将自己的方案应用于家庭生活当中，实施至少一周，并做好反馈记录。随后回到学校，再做一次讨论，修改方案，应用于家庭生活。而在实际操作中，学生遇到的最大问题则是成人的不配合。

在一次课堂讨论中，学生们纷纷发声：

“老师，我爸爸不想做这件事……”

“老师，妈妈很支持我，但仅仅支持到课程结束，之后就不想这样做了……怎么办?”

是啊，怎么办啊？作为教育者，如果把这门课程仅仅当作一份用以谋生的工作，可能会得过且过；但是如果教育者将课程、将这个现象和问题看作我们生活中必经的一部分，并赋予公民的责任，其问题就必须得到解决。

经过对问题的分析和对四个原则的回顾讨论后，学生们发现事件的关键在于课程设计的行为，没有与家长的生活建立最关键、最核心联系。因此，找出痛点，找出作为成人、作为家长最为在乎的东西，并与之产生关联，就能较好地解决问题。在一番讨论后，学生们认为，这样的亲子沟通是有效的，是能够解决问题的——孩子的成长背后是家庭的环境，是家长的素质，当一个家庭都进行垃圾分类的时候，孩子必然也会这样去做，并形成较高的素质。于是就会引来亲戚朋友的表扬，人们会夸赞孩子的高素质。但得到夸赞更多的是父母，会夸赞他们养育孩子多么的优秀。这样，垃圾分类就可以与父母产生最直接的联系。而该策略在后期的实践应用中，也确实获得了良好的效果。

课程最后，我们发布考试题目：一间教室的垃圾分类怎么处理才最简单？学生们以小组为单位，结合课程所学，进行讨论和方案制定。最终，全班选取最好的方案，让值日生尝试去做，不断地反馈修正，促进班级的正向发展。回顾整个垃圾分类劳动课程，其源于真实的任务驱动，通过对核心问题的解决，建立共识，了解垃圾分类的意义与方式，经由小组讨论制定方案，回归家庭生活实施，并得到反馈与完善，最终在真实的评估任务中结束课程。

在该课程的最后，也许未必会得出完美的解决方案，但经由每个学生的尝试与实施、协作与沟通，以解决问题的方式完成了一次劳动技能的学习，一次社会问题的探究，一次家校关系的协作沟通，一份履行国家政策的公民责任，这才是劳动教育的魅力、劳动课程的魅力。

所有的劳动课程设置，都希望通过真实问题，帮助学生学习技能、学会协作沟通、培养责任和习惯，在发展筹划与解决思维的基础上，以形成正确的劳动观念和意识。

（三）文化

文化是每个孩子都需要接受的民族传统和现代观念。在班级劳动图谱的“农耕”课程中，学生们借助诗词和图画，对“自古至今，劳动的形式和意义受到了哪些因素的影响”这一核心问题进行探究。学生们诵读《诗经·周颂·载芟》“载芟载柞，其耕泽泽。千耦其耘，徂隰徂畛。侯主侯伯，侯亚侯旅，侯彊侯以……”，学习《诗经·小雅·大田》“大田多稼，既种既戒，既备乃事。以我覃耜，俶载南亩。播厥百谷……”，感受古人开垦、耕种、把酒祭祀的整体劳动生活，感受靠天吃饭的文化信仰对劳动的影响。

学生们诵读白居易的《观刈麦》、李绅的《悯农》、范成大的《四时田园杂兴》、张俞的《蚕妇》、蒋贻恭的《咏蚕》，结合社会主义核心价值观的学习，体会古人劳作的艰辛付出和封建阶层的生活差异，感受时下生活的幸福。

学生们欣赏唐代的画作《捣练图》、宋代的画作《货郎》、清代的画作《胤禛耕织图册·经》，以及当下机械化、流水化的工业生产照片，对比古今农耕技术，感受农业时代和智能时代的劳动差异，理解技术变革、气候和地理对劳动带来的影响。

除此之外，石头教室还通过“春天”课程和“秋天”课程，促使学生亲近自然，认识一株草、一朵花；通过“二十四节气”课程，学习节气习俗，感受古人的伟大智慧；通过“茶”课程，感受一片东方树叶的神奇伟大，了解世界茶文化的多元发展；通过“我的地盘我做主”课程，学会优化空间，保持个人清洁与卫生。

以上三个案例，仅仅是班级劳动课程图谱中的一部分。从开发到实施都是经由课程的方式，为促使劳动教育引领学生参与一种完整系统的课程学习，为培养具有世界眼光、东方精神的中国人这一目标而服务，这也是劳动图谱创造的初心。

三　劳动教育课程图谱的价值

在多年的课程实践中，笔者越来越深刻地感受到劳动教育的价值并非劳动本身。它的目标应该指向技能、指向意识、指向文化，而这背后是儿童学习方式的建构，是协作精神的培养，是责任意识的塑造。正如卢梭在《爱弥儿》中写到：“倘若当爱弥儿发现别人将木板钉成箱子时，他就想弄明白树木是如何被砍伐的。”今天是信息爆炸的时代，以传递信息为主的教学方式已经不再符合教育的需求、儿童的成长，需要在真实问题的引领下，通过学生自身的实际探究、劳作实践，在一次次失败与成功的探索中，才能形成经验的积累，转化知识，建构思维，符合未来社会对于人才的定义。

而新劳动教育标准的提出和班级劳动教育课程图谱的诞生，恰恰就符合这种教育教学方式的转变。在这样的课程学习中，问题解决没有固定的标准答案，有的只是在基本原则设置基础上的具有创造性的行事方法。但是，学生们所学到的、所实践的经验却远远超过说教的效果。

一方面，在解决当下劳动课程问题的过程中，学生们可以充分发挥不同的个性和特长，提出差异性的解决方案，取长补短，见贤思齐，相互启发，走出困境，获得成长。如此学习状态下，每个人都将产生一种对于他人的关注和需要，在学习劳动技能的同时，促进个体团队协作能力及其责任感的养成。如同德国哲学家海德格尔将关心视为人类特有的存在方式一般，他认为，“关心是最深刻的渴望，我们每时每刻都生活在关心之中，它是生命最真实的存在”。

另一方面，随着智能化、网络化的高速发展，未来世界将被快速打通，每个人都将成为“世界公民”。任何一块土地、一个社会的变动都将影响整个世界的变化。从这个角度来说，劳动教育所肩负的“责任”就变得更为重要，每一位学生的综合素质水准也将对国家、社会和家庭的发展起到不可估量的作用，每一位教师的工作也将变得更具使命。

因此，作为一线教师，为了培养既能适应现在又能服务未来的人才，我们都应该捧着一份初心，在《中国学生发展核心素养》的引领下，按照《大中小学劳动教育指导纲要（试行）》《义务教育课程方案和课程标准（2022 年版）》《义务教育劳动课程标准（2022 年版）》的要求，经由课程的带动，从一间教室的改变开始做起，让教育充满生活的气息，让生活真正成为劳动教育的资源，让劳动教师真正促进儿童成长与发展。

（编辑：曲霞）

The Curriculum Atlas Graph of Labor Education in a Classroom

Yuan Shuai

Abstract: The urbanization, networking and intelligent development of society make life efficient and comfortable, and at the same time, new challenges are born, which put forward more comprehensive requirements for human quality. Under this background, based on the Chinese students development core literacy and the curriculum standards of labor education for compulsory education, Qingdao Middle School Stone Classroom developed "the Curriculum Atlas of Labor Education", making the curriculum design towards the real and complete learning system, towards the task and the problem of reality drive, towards the value of personal and life association. While focusing on life skills and the formation of habits, it also pays attention to the development of students' thinking concepts and personality spirits, so as to help students not only adapt to the present, but also serve the future life and cope with challenges.

Keywords: Labor Education; Curriculum Standard; Core Quality

新时代城市小学劳动教育体系的构建与实施

——以北京史家教育集团为例

陈 纲 洪 伟

【摘　　要】北京史家教育集团历来高度重视劳动教育。新时代以来，史家教育集团面对城市学校开展劳动教育面临的现实问题，深入探索劳动教育路径与机制的创新发展，构建了“三生育人”劳动教育理念、“三维立体”劳动课程框架、“四个一”劳动实践清单和“多方协同”保障机制的“334X”劳动教育体系。

【关 键 词】劳动教育；创新发展；教育理念；课程框架

【作者简介】陈纲，北京市东城区史家胡同小学副校长，正高级教师，主要研究领域为教育教学管理与实践、劳动及综合实践课程的构建与实践；洪伟，北京市东城区史家教育集团党委书记、总校长，史家胡同小学党总支书记、校长，高级教师，特级校长，主要研究领域为学校管理、课程建设、德育工作研究与实践。

党的十八大以来，习近平总书记立足新时代坚持和发展中国特色社会主义的战略高度，对劳动教育提出了新要求。中共中央、国务院发布的《关于全面加强新时代大中小学劳动教育的意见》（以下简称《意见》），教育部发布的《大中小学劳动教育指导纲要（试行）》（以下简称《纲要》）及《义务教育劳动课程标准（2022 年版）》（以下简称《课标》），为各级各类学校开展劳动教育提供了根本指引。

北京史家教育集团（以下简称“史家集团”）始终牢记党的教育方针，历来高度重视教育与生产、生活劳动相结合。尤其是《意见》《纲要》《课标》发布以来，史家集团不断增强抓好新时代劳动教育的责任感和使命感，深入探索新时代城市小学劳动教育路径与机制的创新发展，为小学生从小树立正确的劳动价值观，养成尊重劳动、热爱劳动的情感打下了深厚的基础。

一　城市开展学校劳动教育面临的现实问题

回看史家集团的教育教学，劳动教育其实并不是新鲜事物，一直以来渗透在校园生活的方方面面，但呈散点式、碎片化分布，缺乏总体目标，不成体系。通过对以史家集团为代表的城市学校以往开展的劳动教育进行 SWOT 分析，可以从中发现问题，明确方向。从 SWOT 分析可以看出，绝大多数城市学校所面临的劣势具有以下共性问题：人员高度密集的校园、缺乏学生劳动的场地和机会、劳动危险系数较高。就学生和家长而言，因为受到当前社会环境和不良思潮的影响，存在轻视体力劳动、不珍惜劳动成果的错误价值观；因为教育长期以来重“智育”轻“劳育”、重“知识”轻“实践”，家庭教育的关注点主要在学科学习上，对于劳动教育，尤其是日常生活劳动秉持的态度是可有可无，外卖、家政等行业的兴起也使得学生参与家庭日常生活劳动的机会被剥夺。

二　劳动教育创新发展的价值定位

在党的教育方针的指引下，正视城市学校劳动教育面临的现实问题，史家集团将劳动教育的价值定位在以下三个方面。

（一）服务于培养全面发展的“建设者”和“接班人”

学校育人工作首先要旗帜鲜明地回答好“培养什么人、怎样培养人、为谁培养人”这个教育根本问题。劳动教育体现了社会主义办学方向，是中国特色社会主义教育制度的重要内容，我们要通过开展劳动教育，着力引导学生崇尚劳动价值、追求劳动创造、尊重劳动人民，为其成为社会主义建设者和接班人奠基。

（二）服务于提升育人体系的“高质量”

“十四五”时期，教育进入高质量发展阶段。五育并举是建设高质量教育体系的重要抓手。劳动教育是促使“五育”融合的重要突破口和关键枢纽。“实践”和“行动”作为劳动教育的关键特征，可以充分调动学生多学科知识的联动，帮助学生建立起书本知识与个人经验、社会生活的联系，让学生实现对世界的整体认知，促进整体发展。

（三）服务于探索学校发展的“新形态”

新时代的育人工作不应局限于学校围墙之内，而应走出教育孤岛，为学生成长创设更为宽阔的育人场域。未来学校发展的关键词应聚焦打开、连接、融合、协作与创造。而劳动教育的开展能够帮助学校找到突破学科之间、课堂内外、校园社会等边界的切入点，在学习方式变革与学校形态创新中为孩子成长创造无限可能。

三　劳动教育创新发展的史家探索

在这样的价值定位下，史家集团围绕城市小学劳动教育的创新发展开展了积极的实践探索，构建了“334X”劳动教育体系。

（一）明确“三生育人”劳动教育理念

史家集团多年来不断推进以家国情怀为底蕴的系统育人实践，将“和谐+”理念落实在集团育人过程中。史家集团主张追求“漫教育”的状态，将教育理念内蕴于知识学习及学校生活之中，整体构建“两级三层”无边界课程框架，让课程不止于课堂，学习不止于教室。

于是，在学校总体育人目标的框架之下，结合劳动教育中的新要求，史家集团明确了“掌握生存能力，端正生活态度，促使生命完善”的“三生育人”劳动教育理念。坚持探索城市学校开展劳动教育的有效途径，培养具有家国情怀、和谐发展的人。

例如，史家集团开发的《魔法厨房》课程，让学生知道日常饮食的营养均衡、合理搭配，使学生在关注舌尖上的学问的同时获得活着和生存的基本能力；设置《家艺》《布艺》《陶艺》《纸艺》等课程，培养学生的生活情趣和生活态度；孩子们自发成立遍布校园各个场馆的志愿服务岗，在自主管理中解决校园生活中的各种问题，感受劳动就是校园生活中最美的姿态。在这一系列的课程设置中，让孩子们发现劳动就在身边，从而点燃身心智趣的活力，激活生命整体发展的动力，感受劳动让生命更有价值。

（二）完善“三维立体”劳动课程框架

在学校整体课程体系中，我们依据《纲要》中提出的劳动教育四大途径，将学校以往开设的散点式、碎片化的劳动课程、专题教育活动与学校两级三层课程体系对照梳理，构建了三维度劳动课程框架。三维度劳动课程框架由显性的基础课程、拓展课程和隐性的环境课程三部分组成。

首先要做到筑牢基础课程，开足开齐劳动必修课。独立设置劳动技术课，配备专职教师，积极探索劳技课堂教学改革。同时，重视其他学科的劳动教育渗透，挖掘语数英等各学科劳动教育元素，深化对劳动的认识。

其次是丰富拓展课程，通过项目任务架起劳动与生活的桥梁。劳动教育从来都不是仅仅依靠课堂就可以完成的，其突出的社会性、实践性决定了劳动教育必须与真实生活联系，具有极强的开放性。

环境课程建设旨在通过校园文化建设这一“隐性课程”助力劳动养成。史家集团建设供学生开展学工、学农的场所，让学生进行技能学习和劳动实践；在班级中制定班级劳动公约，结合学雷锋纪念日等重要节点开展相关劳动主题教育活动；学校还组建了综合年级的班级社区，有意识地引导学生大手拉小手，增强公共服务意识。

（三）创新“四个一”劳动实践清单

“四个一”劳动实践清单包括一次与普通劳动者的深度交流、一份家校共育的日常生活劳动承诺书、一件满足生活需求的自造品以及一个勇于担当的服务团队，是每一个史家学子在校期间都要经历的劳动教育活动，贯通了课内外、校内外劳动教育全过程，促使学生从课堂走入真实生活，运用技术解决生活中的真实问题，感受劳动的价值。

一次与普通劳动者的深度交流，是引导学生关注身边的普通劳动者，促使学生了解各行各业是如何为社会的发展进步作贡献的，知道每一个认真努力的劳动者都值得我们尊重。

一份家校共育的日常生活劳动承诺书，旨在将家庭中原本属于孩子的劳动机会还给孩子，让劳动回归生活，成为儿童生活不可或缺的一部分。

设计制作了《健康成长手账》，以《课标》为根本，公布了“史家教育集团学生日常生活劳动清单”，按低中高学段将《课标》中要求的内容和对素养的要求进行拆解，指导学生每天坚持劳动，并以学生喜爱的手账形式进行记录，做“眼中有活，手中有技，心中有责”的史家好学生。

一件满足生活需求的自造品，让孩子们在课上掌握基本的劳动技能后，观察生活，发现问题，通过创造出“具有一定科技含量的自造品”，感受劳动创造物质财富的过程。

孩子们历经“创意孵化—团队建立—市场调研—产品设计—营销策划—产品发布—创意复盘”等一系列环节，让学习真实发生。学校通过创·智汇校园MAKER分享会给学生“公司”提供“营销”自造品的平台。“分层城市”“老人跌倒自动报警器”“防滴水伞包”“废旧毛绒玩具摇椅”“二十四节气树脂挂钟”……每一个创意的诞生，都彰显出童真与爱心的相遇、个体与他者的连通。

一个勇于担当的服务团队，就是指导学生将课堂所学应用到服务他人、服务社会的志愿服务和公益劳动中，历经“发现—计划—行动—反思—分享”五个阶段的学习环节，在长时间的服务中学会用自己的劳动关心社会，关爱他人。

学生们发起了“影为爱”“暖冬红围巾计划”“宠物粪便变身有机化肥”等8000多个服务项目，有关文化传承、公共安全、养老助老、医学科普、扶贫帮困、关爱留守儿童等关乎国计民生的社会发展大命题已经进入孩子们的视野，体现了同学们以天下为己任的志向、责任和担当。

（四）形成“多方协同”保障机制

劳动教育的开展单纯依靠学校难以完成。史家集团围绕创新劳动教育进行的探索一直离不开各方的支持，形成了特有的协同保障机制。

2009年起史家集团在区教委、教科院的指导下，建设了东城区小学课程资源中心（即史家小学基地），基地建设了21间各具特色的劳动工坊和3块特色实践场地，率先在区域内实现了劳动教育资源的共享。

在2021年5月，为了在教育内部形成合力、盘活资源、相互支持，史家集团以全国大中小劳动教育协同发展论坛为契机，在中国教科院课程所及中国德育杂志社的指导下，形成了协同大中小学、融通职业教育和普通教育的大中小学劳动教育协作发展共同体，并具有以下功能。

一是劳动教育基地建设共同体。劳动基地的开发与建设，是学校劳动教育实施的重要保障。城市学校开展创新劳动教育的场所往往很有限，因此应当充分挖掘各校的优势，因地制宜，并进行整合和统筹。

如普通学校中小学生可以到各学校现有的专业教室学习，到职业院校、普通高校的实习实训场所参与劳动；职业院校和普通高校的学生可到中小学开展劳动实践，让他们将专业知识以服务性劳动的形式得以实践和延伸，对协作双方均起到了促进劳动教育的目的。

二是劳动课程资源开发共同体。新时代劳动教育对劳动课程提出了新的要求，这需要共同体内学校集思广益，协同开发。各校通过协同研讨、设计、实验、实践，共同探索开发创新劳动课程的资源，并形成资源共享库，积累和交流劳动教育课程案例。

三是劳动教育教师培养共同体。劳动教育的持续开展需要源源不断的师资力量。共同体内的专家学者可以通过专题研修的方式开展进阶式、多元化的培训；同时，史家集团作为未来的用人单位，也非常愿意为劳动教育“准新人”提供实践指导，从而促进共同体内不同劳动教育身份教师的共同提升。

四是劳动教育成果推广共同体。在共同体内开展行动研究并不断总结，将劳动教育实践典型经验和优秀案例打造成劳动教育教学成果，推动学校劳动教育整体实施方案不断优化迭代，推动教学实践不断深化，在全国产生辐射效应。

（编辑：曲霞）

The Construction and Implementation of the Labor Education System in Urban Primary Schools in the New Era: Taking Beijing Shijia Education Group as an Example

Chen Gang, Hong Wei

Abstract: Beijing Shijia Education Group has always attached great importance to labor educaiton. As urban schools, Shijia Group faced practical problems in carrying out labor education, deeply explored the innovative development of the path and mechanism of labor education and constructed "334X" labor education system with "three-life" labor education concept, "three-dimensional" labor curriculum framework, "four ones" labor practice list and the "multi-party coordination" guarantee mechanism.

Keywords: Labor Education; Innovative Development; Educational Concept; Curriculum Framework

四川天府新区强化行政统筹推进劳动教育高质量发展

张　超

【摘　　要】四川天府新区在劳动教育方面，以共享理念为引领，统筹政研企校及家庭五大力量推进劳动教育的“天府模式”：以新发展理念为引领，构建三级“课程超市”；以共建共享为抓手，打造优质专兼职师资；以场景赋能为载体，打造红色劳动教育专业实践基地；以联动机制为纽带，构建劳动教育评价体系。

【关 键 词】劳动教育；行政统筹；共享理念；天府新区

【作者简介】张超，四川天府新区教科院常务副院长，华东师范大学博士研究生，主要研究领域为中小学教育管理、劳动教育课程建设。

四川天府新区位于四川省成都市南部区域，是2014年10月国务院批复设立的第11个国家级新区，规划面积1578平方公里，常住人口356万人，2022年经济总量达到4532亿元，综合实力居国家级新区第一方阵，正加快打造成为成渝地区双城经济圈高质量发展的重要增长极和新的动力源。2018年2月11日，习近平总书记亲临天府新区视察，为新区擘画了“一点一园一极一地”发展战略。

天府新区现有学校200余所、教师1.2万余名、学生11.6万余名。近年来，通过深化教育综合改革，逐步构建起一个目标、三个导向、四大举措、五大转变的“1345”工作体系。特别是在劳动教育方面，以共享理念为引领，统筹政研企校及家庭五大力量，推进区域劳动教育高质量发展，形成五育融合、学段贯通、家校协同的劳动教育天府模式。

一 以新发展理念为引领，构建三级课程“大超市”

天府新区劳动教育以公园城市新发展理念为引领，以四川省普教重点课题“区域推进劳动教育课程体系建构实践研究”为抓手，围绕“生活—生产—服务”螺旋上升课程主线，贯通中小幼学段劳动教育课程一体化，在全区中小学固定“每年一周劳动周、每期一天劳动日、每周一节劳动课”三个时段，落实区级、校级、班级三张课表。

（一）区级课表建立通用课程框架

区级课表通过社区服务、公益性劳动、研学活动等，有效落实每年一周劳动周活动。依托区内现有基地资源，设计开发“基地劳动周”通用课程框架。各学校结合实际，可在课程框架内针对不同学段，选择不同类型的课程，做到因地制宜、特色发展。目前，天府新区已构建区级九年一体化劳动教育课程清单，形成区级劳动教育教学大纲目录，开发常规课、项目化课程教学指南以及1~6年级（上下册）配套微课。

（二）校级课表打造融合特色课程

将日常劳动、生产劳动、服务性劳动校本化特色表达，有效落实每期一天劳动日活动。将校园周边资源和学校劳动师资充分结合和深度融合，从“参观”“考察”“体验”“探究”四个维度，将农事体验、乡村振兴、国防教育等真实且丰富的劳动元素融入课程体系中，引导学生获得丰富的劳动体验，习得劳动知识与技能，培育劳动精神。实现一校一案（劳动教育实施工作方案）、一校一图谱（劳动学科课程图谱）。

（三）班级课表打通学科之间壁垒

班级课表探索劳动实践指导课、劳动交流汇报课、劳动实践迁移课等，有效落实每周一节劳动课。实施“国家课程+校本实践手册+天府新区2.0项目清单”，构建“劳动学科课程与德育主题活动融合体系图谱”。打通学科之间壁垒，与其他学科深度结合，充分挖掘、整合、利用学科课程中的劳动资源，创新劳动教育途径，丰富劳动形式，扩充劳动教育内容，使学科教学与劳动教育自然结合，让学生树立正确的劳动观念，掌握基本的劳动技能，形成良好的劳动品质，实现知行合一。

二　以共建共享为抓手，打造专兼职师资“生力军”

长期以来，由于劳动教育专业师资缺乏，劳动教育被边缘化，劳动教育教师缺少认同感，影响了劳动教育的系统实施。天府新区高度重视培养劳动教育师资队伍建设，以共建共享为抓手，保底线、创亮点、提效能，快速培养了一批劳动教育专兼职教师队伍，为劳动教育的有效实施提供了保障。

（一）加强专职教师配备保底线

将劳动教育专职教师招聘优先纳入人才引育计划，实施劳动教育教师队伍专业素质提升工程，完善教师培训体系，以“学校传统式研修自培（培足）+集团主题式研培（培优）+区域整合式共培（培强）+区域项目式专培（培精）”培养模式，培育“学习型、研究型、实践型、指导型”四型教师，已培育劳动教育指导师 80 名。学校把劳动教育纳入教师培训内容，健全校级劳动教育教研体系，围绕劳动教育学段内容、劳动清单、学科融合、评价实施等主题，组织开展课例研讨、学术沙龙等教研活动，积极开展劳动教育科研课题研究，各校至少有 1 项校级及以上劳动教育课题。

（二）打造共享师资队伍创亮点

依托教师共享中心，制定特聘教师标准和准入机制，探索建立劳动教师共享师资库，形成专家、专职、兼职、特聘多类别层级专家。吸纳劳动模范、能工巧匠、行业领军人物、优秀家长等进入劳动教育师资库，充实专（兼）职劳动教育教师力量，实施共享教师队伍专业化培训，已培训劳动教育共享教师 1500 余名。

（三）补齐兼职教师数量提效能

鼓励学校聘请劳动模范、离退休教师、专业技术人员、非遗传承人等担任兼职劳动教育教师，吸引善实践、接地气的农业院校、科研院所、技术推广部门教师、专家，以及村（社区）党组织书记、新型农业经营主体带头人等加入兼职教师队伍。通过教师共享中心，引入共享教师特聘使用，形成以专职为主导、兼职教师相结合的劳动教育师资队伍。足额配置专兼职教师队伍，实现每所学校每个班级配备一名专（兼）职劳动教育教师，建立起一支专兼职结合的劳动教育教师队伍。

三 以场景赋能为载体，打造红色劳动教育“南泥湾”

天府新区充分利用社会资源，扩大劳动教育空间，建立专业化劳动教育实践基地，政府统筹、科学规划、整体建设、系统推进，既做实基础设施建设，又做好课程体系建构。

（一）政府部门统筹推动校外实践基地建设

天府新区创新“政府部门统筹+企业投建+综合运营”的校外劳动教育实践基地模式，出台校外劳动教育实践基地评选标准、建设管理方法、课程指导纲要及基（营）地课程服务标准，支持引导企业投资建设劳动教育实践基地，完成首批8家区级劳动教育实践基地认定，吸引市内40余家劳动教育实践基地资源入驻，以8个劳动教育实践基地为核心营地，辐射乡村振兴项目、街道街区、行政机关、服务机构、绿道公园等108个资源点位，打造多种类劳动实践场景，创造生产性、服务性职业体验岗位7000余个，构建了“1+N”的全域多元的劳动教育实践基地，截至目前，校外实践项目已覆盖师生5万余人。

（二）盘活闲置资源打造特色实践基地

整合现有空闲学校建筑体（如刘公学校）、新农村社区、天府新区公园等资源，提出基于庭院、柑橘林、村集体资源等生活、生产、生态场景，打造农村生活、农业生产、农器制作等主题的劳动实践项目，打造天府新区“南泥湾”，传承红色基因，弘扬“自力更生、艰苦奋斗、同心同德、团结奋斗”精神，构建思政、德育、国防、劳动、科创等一体化课程体系，以“劳动教育+国防教育+素质教育”沉浸式精品课程，开展劳动教育周活动，“一校一案”研究制定内容和形式，形成全程军事化管理，白天下地劳作、晚上思政学习的课程实施模型。

（三）用好区域优势打造科创劳动教育基地

用好用足区域优势，结合周边科技、自然、文化等资源，宜智则智、宜工则工、宜农则农，多途径探索、多元化研发劳动教育课程，与中国科学院、中国农业科学院等深度合作，开发具有科技味的劳动课程，让科技为劳动教育赋能，让劳动教育更具有时代感。鼓励学校组织学生走进兴隆湖、独角兽岛、超算中心，充分发挥区域创新资源优势，推进科创教育与劳动教育的深度融合，以劳动立德，以创新树人，打造天府新区“科创劳育”品牌。

四　以联动机制为纽带，构建劳动教育“同心圆”

天府新区以四方联动机制为纽带，倡导并成立长江经济带劳动教育高质量发展共同体，通过构建部门联动、家校社合育机制，改革完善评价体系，构建劳动教育“同心圆”，劳动教育经验文章《四川天府新区五力统整助推区域劳动教育高质量发展》被《中国教育报》刊登报道。

（一）提高政治站位，成立区域劳动教育共同体

作为公园城市首提地，天府新区牢记习近平总书记的嘱托，自觉提高政治站位，倡导发起并成立长江经济带劳动教育高质量发展共同体，邀请上海、重庆、浙江等6省市的40所学校，召开首届长江经济带公园城市劳动教育发展研讨会，构建区域教育“命运共同体”，推动东中西部地区中小学在劳动教育方面资源共享、平台共建、信息互通。

（二）横向纵向结合，建立部门联动机制

成立四川天府新区中小学劳动教育工作领导小组，由管委会分管领导任组

长，组员由相关处队相关负责人、专家、名优校长（教师）组成。为推动各项工作走深走实走细，横向成立改革引领工作小组，纵向成立区级、集团级、校级三级改革发展工作小组。横向改革引领小组设在教育处，作为牵头部门，内部联动党建处、基建财务处、教科院、社区教育学院、教师共享中心，外部联动公园城市局、共青团、妇联、文创局等部门，强化劳动教育实验区发展保障。纵向改革发展工作小组设在教科院，纵向联动集团、学校，主要聚焦强化课程、师资、课题、课堂、学生素养监测与评价。

（三）家校社联动，建立协同育人机制

强化家庭教育指导，引导家长当好劳动教育的“第一任教师”，鼓励孩子每年学会1~2项生活技能，主动承担家务劳动。优化“家庭教育清单”，鼓励家长做好榜样示范；发挥学校主导作用，各学校制定劳动教育实施方案、年度计划，落实“三张课表”，将劳动教育融入校园文化建设；发挥社会支持作用，充分挖掘科研院所、高新企业、乡村振兴、非遗传承等基地资源，提高入驻基地数量和质量。通过共青团、妇联等群团组织，鼓励学生深入城乡社区、公共场所等参加义务劳动和志愿服务，参与社区治理，为劳动教育提供社会支撑。

（四）多元评价主体，劳动教育纳入综合素质评价

依托四川省中小学劳动教育实验区，不断完善“学生、教师、学校、家庭、实践基地”劳动教育评价体系，将师生发展、学校劳动教育发展纳入学校评价指标，将劳动教育融入学生综合素质评价当中，设立少先队“红领巾争章”活动劳动教育特色章，实施推优入团专项评价，组织开展区级劳动教育评优选先工作，评选出13所区级试点校、20个学校样本案例。

（编辑：曲霞）

Strengthening Administrative Coordination and Promoting High Quality Development of Labor Education in Tianfu New Area, Sichuan

Zhang Chao

Abstract: Sichuan Tianfu New Area takes the concept of sharing, and coordinates the mode of government, research, enterprises and family forces to promote the "Tianfu Model" of labor education. With the new development concept as the lead, to build the three-level "curriculum supermarket"; with the co-construction and sharing as the starting point, to create a high-quality team of full-time and part-time teachers; with scenario empowerment as a carrier, to create professional practice bases for red labor education; with a linkage mechanism to construct a labor education evaluation system.

Keywords: Labor Education; Administrative Co-ordination; Shared Concept; Tianfu New Area

《劳动教育评论》约稿函

《劳动教育评论》是由中国劳动关系学院劳动教育学院（劳动教育研究院）主办，社会科学文献出版社出版的教育类学术集刊。刊物以劳动教育政策解读、劳动教育理论前沿、劳动教育哲学研究、劳动教育案例分析、国际劳动教育比较、劳动教育思想研究以及劳动教育相关学科建设为主要研究领域，常设理论探讨、热点聚焦、专题研究、互鉴交流、教研之声等栏目，欢迎广大专家、学者不吝赐稿。

一、征稿范围（包括但不限于）

1. 习近平新时代劳动和劳动教育观研究；
2. 新时代劳动教育的哲学基础研究；
3. 高校劳动教育分类实施探索；
4. 劳动教育的师资培养、机制建设；
5. 大中小学劳动教育一体化建设路径探讨；
6. 新时代劳动教育的内容、实施与评价研究；
7. 劳动教育的典型案例与实证调查；
8. 劳动教育的国际经验与比较研究；
9. 劳模精神、劳动精神、工匠精神与新时代劳动价值观的塑造；
10. 人工智能发展趋势下的劳动教育等。

二、来稿要求

1. 文章类型：本刊倡导学术创新，凡与劳动教育相关的理论研究、学术探讨、对话访谈、国外思想动态、案例分析、调查报告等不同形式的优秀论文均可投稿。欢迎劳动哲学、劳动关系、劳动社会学、劳动法学、劳动经济学、劳动文化学等劳动科学领域学者从本学科领域对新时代劳动教育的内容体系构建和配套制度建设提出新的创见。

2. 基本要求：投稿文章一般1万~1.5万字为宜，须未公开发表，内容严禁剽窃，学术不端检测重复率低于15%，文责自负。

3. 格式规范：符合论文规范，包含标题、作者（姓名、单位、省区市、邮编）、摘要（100~300字）、关键词（3~5个）、正文（标题不超过3级）、参考文献（参考文献和注释均为页下注，每页编序码，序号用①②③标示）、作者简介等。

4. 投稿邮箱：ldjypl@culr.edu.cn；联系电话：（010）88561650。

三、其他说明

1. 来稿请注明作者姓名、工作单位、职务或职称、学历、主要研究领域、通信地址、邮政编码、联系电话、电子邮箱地址，以便联络。

2. 来稿请勿一稿多投，自投稿之日起一个月内未收到备用或录用通知者，可自行处理。编辑部有权对来稿进行修改，不同意者请在投稿时注明。

3. 本刊已被中国知网收录，凡在本刊发表的文章均视为作者同意自动收入CNKI系列数据库及资源服务平台，本刊所付稿酬已包括进入该数据库的报酬。

《劳动教育评论》编辑部

图书在版编目（CIP）数据

劳动教育评论. 第 9 辑 / 中国劳动关系学院主编. --
北京 : 社会科学文献出版社，2023.9
ISBN 978-7-5228-2545-8

Ⅰ.①劳… Ⅱ.①中… Ⅲ.①劳动教育-研究 Ⅳ.
①G40-015

中国国家版本馆 CIP 数据核字（2023）第 184263 号

劳动教育评论（第 9 辑）

主　　编 / 中国劳动关系学院

出 版 人 / 冀祥德
组稿编辑 / 任文武
责任编辑 / 刘如东
责任印制 / 王京美

出　　版 / 社会科学文献出版社 · 城市和绿色发展分社（010）59367143
地址：北京市北三环中路甲 29 号院华龙大厦　邮编：100029
网址：www.ssap.com.cn
发　　行 / 社会科学文献出版社（010）59367028
印　　装 / 三河市东方印刷有限公司

规　　格 / 开 本：787mm×1092mm 1/16
印 张：11　字 数：182 千字
版　　次 / 2023 年 9 月第 1 版　2023 年 9 月第 1 次印刷
书　　号 / ISBN 978-7-5228-2545-8
定　　价 / 58.00 元

读者服务电话：4008918866

版权所有 翻印必究